ÉMILE CORRA

LA PATRIE

Prix : 1 franc

PARIS

SOCIÉTÉ POSITIVISTE INTERNATIONALE

2, rue Antoine-Dubois (Place de l'École de Médecine)

1913

LA REVUE POSITIVISTE INTERNATIONALE
Publiée sous la direction de Émile CORRA
PRÉSIDENT DU COMITÉ POSITIF OCCIDENTAL

Avec le concours de la presque unanimité des anciens Rédacteurs de la Revue Occidentale
fondée par Pierre Laffitte, en 1878

Paraît 8 fois l'an (1er Janvier, 15 Février, 1er Avril, 15 Mai, 1er Juillet, 15 Août, 1er Octobre, 15 Novembre), par fascicule d'environ 112 p.

Elle est l'organe de la **Direction** *de la* Société Positiviste *(fondée par* A. Comte, *en 1848, et réorganisée, en 1906, sous le nom de* Société positiviste internationale).

Chaque Numéro se compose — ESSENTIELLEMENT : 1º d'*Articles de fond*, consacrés à l'exposition, au développement, à l'illustration ou à la défense de quelqu'une des conceptions d'A. Comte et de P. Laffitte ; 2º de *Bulletins* destinés à mettre le lecteur au courant du mouvement positiviste chez les diverses populations de la planète et à apprécier, s'il y a lieu (et sous la responsabilité des signataires), les actes politiques de leurs gouvernements ; 3º d'*Articles bibliographiques* consacrés à l'appréciation (sous la responsabilité des signataires) des publications nouvelles qui sont de nature à intéresser le Positivisme ; — ACCESSOIREMENT : de *Pages libres* réservées à la publication de travaux dont les auteurs se réclament de la Méthode et de la Philosophie positives, mais dont la teneur peut prêter à de sérieuses réserves de la part de la Direction, soit pour cause d'innovations en contradiction avec la pensée de A. Comte et de P. Laffitte, soit pour cause d'inopportunité, soit pour d'autres motifs.

S'adresser, pour tout ce qui concerne la rédaction, le lundi à une heure un quart, au Dr Constant Hillemand, *Rédacteur en Chef de* La Revue Positiviste Internationale *(126, rue de Rennes, Paris), qui en réfère, s'il y a lieu, à* M. Corra, *Directeur du Positivisme (16, rue Chauveau, à Neuilly-sur-Seine).*

Le prix de l'abonnement annuel est : de 20 francs pour la France et ses **Colonies ; de 22 francs** pour les autres Pays. Il part de Janvier ou de Juillet.

PRIX DU NUMÉRO : 2 FR. 75

Pour tout ce qui concerne l'administration, les abonnements, etc., s'adresser à **M. Fagnot,** *Administrateur de* La Revue Positiviste Internationale 2, *rue Antoine-Dubois, Paris VI*e.

La reproduction des articles est autorisée, moyennant l'indication de leur origine.

COMITÉ CONSULTATIF DE RÉDACTION
(DEPUIS LA FONDATION DE LA REVUE EN JUILLET 1906).

LA PATRIE

OUVRAGES POSITIVISTES

DU MÊME AUTEUR

En vente au Siège de la SOCIÉTÉ POSITIVISTE

2, rue Antoine-Dubois, Paris :

	Prix :
Appréciation générale du Positivisme.	0 fr. 60
La Philosophie positive	0 fr. 60
Les Devoirs naturels de l'Homme.	0 fr. 60
La Morale sociale.	0 fr. 60
La Morale primitive	0 fr. 60
La Morale politique.	1 fr. »
L'Unification du Genre humain	1 fr. 50
Le Mariage	0 fr. 75
La Paternité.	0 fr. 75
Le Sentiment filial	0 fr. 30
La Fraternité	0 fr. 30
La Domesticité	0 fr. 30
Le Rôle sociale des Morts	0 fr. 75
Le Culte public de l'Humanité.	0 fr. 25
Le Rôle social des Animaux.	0 fr. 30
La Fête du Feu.	1 fr. »
La Troisième République	0 fr. 75
Lamarck et son Œuvre.	0 fr. 75

LA PATRIE

PAR

ÉMILE CORRA

Prix : 1 franc

PARIS

SOCIÉTÉ POSITIVISTE INTERNATIONALE

2, RUE ANTOINE-DUBOIS, 2

Place de l'École de Médecine

1913

LA PATRIE

PRÉAMBULE

Malgré le rôle capital qu'elle joue dans l'existence de chacun de nous, malgré les nombreuses effusions sentimentales qu'elle provoque, malgré les dissertations journalières auxquelles elle sert de thème, la Patrie est encore la source d'idées extrêmement confuses dans l'esprit moderne. Faute d'une éducation sociologique suffisamment vaste et scientifique, ou par suite de l'aveuglement que notre égoïsme perpétue, sa notion actuelle n'est pas plus satisfaisante que celle des autres institutions constitutives des fondements de toute société.

Chez les uns, le patriotisme conserve le caractère étroit et farouche avec lequel il surgit au début des sociétés humaines; il est inspiré par la haine de l'étranger, plutôt que par l'amour vrai du pays natal. C'est un patriotisme de Boxer ou de xénophobe, qui se complaît dans la commémoration des drames sanglants de l'histoire belliqueuse du pays.

Les découvertes de la boussole, de l'imprimerie, du papier, du double mouvement de la terre et de la philosophie moderne, par exemple, sont pourtant des événements historiques d'une importance bien supérieure à celle des plus grandes batailles, ainsi que, l'un des premiers, l'a remarqué Condorcet, qui considérait, à juste titre, ces découvertes comme l'origine d'époques nouvelles de civilisation.

Cette sorte de patriotisme, qui n'apprécie que la gloire mi-

litaire, même stérile, que l'ivresse du sang peut, seule, re-
paître, et qui justifie finalement l'implacable extermination
des peuples qui font obstacle aux ambitions impérialistes des
forts, est la conception la plus ancienne, la plus répandue,
la plus persistante, parce qu'elle a sa : source d'une part,
dans l'impérieux besoin de la sécurité collective et de la
défense nationale que chacun éprouve ; d'autre part, dans
les instincts obscurs, cupides, combatifs et ambitieux des
hommes. Elle a dominé souverainement notre espèce, jusqu'à
la révélation de la philosophie de l'histoire par Bossuet,
Hume, Voltaire, Montesquieu, Turgot, Condorcet, Auguste
Comte, qui nous ont démontré que l'histoire des peuples ne
se confond nullement avec celle des guerres qu'ils ont livrées,
et que le patriotisme ne se résume pas plus dans la forme
militaire que le civisme des habitants d'une ville dans le courage de ses agents de police.

Les armées, en effet, principalement de nos jours et même
depuis la fin du régime des conquêtes, sont des instruments
de police intérieure et extérieure, une gendarmerie nationale,
que les patries entretiennent et perfectionnent, pour main-
tenir l'ordre dans leur sein, pour faire respecter leurs frontières, et pour défendre, le cas échéant, leur territoire contre
les invasions de l'étranger ; mais elles ne les utilisent plus
qu'exceptionnellement, tandis que les autres grands appareils
sociaux, l'agriculture, l'industrie, le commerce, la banque, le
gouvernement temporel et spirituel, sont doués d'une
activité qui ne peut jamais être suspendue et ne cessent
d'évoluer, indépendamment de la guerre.

La guerre n'est plus, heureusement, qu'un des aspects de
la vie des nations ; sa préparation n'est qu'une des formes de
leur vitalité. D'ailleurs, même chez les peuples militaires, au
plus haut degré de la civilisation correspondante, on ne se
battait pas continuellement.

C'est en vain qu'on tenterait de ravaler les fonctions civiles,
dont nul observateur ne peut méconnaître l'importance et

la généralité, en disant qu'elles ne sont pas désintéressées, et que le patriotisme qu'elles inspirent est de qualité inférieure. Car, pour un grand nombre de soldats, la carrière militaire est encore une profession, avantageuse même dans les grades supérieurs, et il en est peu qui servent la Patrie par pure affection et sans espoir de récompense.

Ceux qui le font, jeunes ou vieux, quand les circonstances l'exigent, sont ordinairement de simples combattants volontaires, héros obscurs dont le dévouement n'est point clamé par les cent bouches de la renommée.

En outre, il n'est pas exact que les militaires soient, par définition, des patriotes supérieurs aux autres. Leur fonction, toute spéciale, est de préparer la guerre et de la faire ; aussi, quand ils ne sont pas énergiquement subordonnés par le pouvoir civil, qui, seul, doit les mettre en mouvement, ils sont naturellement enclins à la désirer, à la provoquer sans nécessité, et à faire la guerre pour la guerre, au détriment même de la patrie, dont les autres intérêts leur échappent, par amour de leur art, ou pour le maintien du prestige que la naïveté populaire leur attribue.

Même, ce qui paraît caractériser, au suprême degré, le patriotisme militaire, le sacrifice de la vie pour les autres, ne lui est point particulier.

On ne compte plus le nombre des hommes qui ont fait volontairement un pareil sacrifice, pour l'évolution mentale, morale et sociale, du genre humain, notamment lors de l'institution de la foi chrétienne, de l'émancipation des communes au Moyen-âge, des guerres de religion, de la genèse de la philosophie scientifique, sous la Révolution Française, enfin.

L'histoire fourmille d'exemples illustres, sous ce rapport.

La même abnégation s'observe encore chez tous ceux qui prennent la responsabilité du pouvoir politique dans les crises sociales graves, dans les guerres civiles surtout, où les hommes meurent pour leur idée avec un héroïsme si commun qu'il est une monnaie courante.

Cette abnégation se manifeste même d'une manière banale et permanente, dans la vie industrielle et sociale. Constamment, chaque jour, à toute heure, un grand nombre de fonctionnaires civils risquent leur vie pour leur famille et pour la société : tels, les ouvriers employés dans les industries malsaines ou dangereuses, les mécaniciens de chemins de fer, les marins, les mineurs, les agents de la force publique qui poursuivent les criminels et les aliénés, les pompiers, les médecins qui soignent les maladies virulentes et contagieuses, les sauveteurs, les explorateurs, les aviateurs.

D'autre part, il faut considérer que le sacrifice de la vie du soldat s'effectue sous l'influence de la discipline, de l'entraînement collectif, de la crainte du mépris des compagnons d'armes ou du désir de leurs louanges, et qu'il est difficile de déterminer la mesure dans laquelle l'individu est alors actif ou passif, tandis que la plupart des actes de courage civique sont des actes conscients, pour la plupart froidement résolus, et incontestablement imputables à la nature propre de celui qui les accomplit.

Néanmoins, l'armée est l'école du devoir civique le plus précis, le plus impérieux. On ne saurait donc hésiter, un instant, entre la conception exclusivement militaire, trop étroite, mais généreuse et sociale, de la Patrie, et cette autre conception particulière à la méprisable tourbe d'individualistes qui ont horreur des sacrifices et des devoirs que la Patrie impose.

Pour ceux-là, aventuriers ou dilettante, que le développement de la fortune immobilière et la facilité des communications, terrestres et maritimes, ont considérablement multipliés, depuis le xixe siècle, la patrie est où l'on vit bien, suivant l'expression du poète de la Grèce décadente. *Ubi bene, ibi patria.*

Ces cosmopolites, avides ou jouisseurs, sont infiniment moins estimables que les révolutionnaires modernes, qui, bien éloignés de ressembler à ceux de la fin du xviiie siècle, aux yeux de qui la Patrie revêtait une majesté presque divine, considèrent pourtant l'idée de Patrie comme néfaste, parce qu'elle sert, disent-ils, d'aliment au militarisme, avec lequel ils ont le tort de la confondre.

Par ces derniers, du moins, la patrie n'est réprouvée que parce qu'elle fait obstacle, à leurs yeux, à la réalisation de rêves plus grandioses, comme l'internationalisme, la fraternité générale des peuples, l'institution de la paix universelle. Devant la perspective de ces temps futurs, la notion de patrie n'est plus qu'une idée surannée, caduque, désormais nuisible, que les capitalistes seuls peuvent conserver, mais que les prolétaires doivent combattre et détruire. En conséquence, les révolutionnaires, dont il s'agit, se proclament logiquement *sans patrie* ; ils ont l'illusion de croire que l'homme peut vivre et se dévouer directement pour l'Humanité, sans l'intermédiaire d'une patrie.

Cette théorie spécieuse s'évanouirait évidemment sur-le-champ, si la nécessité de sauvegarder le sol et l'indépendance du pays surgissait. Cependant on ne saurait s'opposer, avec trop de vigilance, à l'œuvre des insensés qui, sans faire de distinction entre la guerre offensive et la guerre défensive, sans se préoccuper de savoir si leur exemple serait suivi dans les rangs ennemis, conçoivent le criminel dessein de mettre leur patrie hors d'état de repousser une agression dont elle peut être la proie.

En tout cas, l'étude, dont le développement va suivre, a pour objet de rectifier ces conceptions, insuffisantes ou vicieuses, de la Patrie, en déterminant, à l'aide de l'observation des faits, la nature de cette institution, ses avantages, et les moyens rationnels de perfectionner ces derniers.

Pour atteindre ce but, je me propose :

1° de démontrer que la Patrie est une institution, spontanée, naturelle, de tous les temps, de tous les lieux ;

2° de suivre l'évolution de cette institution dans le passé ;

3º d'établir que la Patrie exerce une influence nécessaire et bienfaisante sur le fondement matériel de l'ordre social et sur notre propre nature, en améliorant notre moralité, notre intelligence, notre caractère, et en nous obligeant à vivre effectivement au sein d'une société déterminée ;

4º d'indiquer par quels procédés rationnels ces bienfaits peuvent être systématisés ;

5º enfin, de contrôler la valeur de ces notions générales, en les appliquant, d'une manière concrète, à la Patrie française et au jugement de son rôle dans l'histoire universelle.

PREMIÈRE PARTIE.

Conditions générales et spontanées de l'existence de la Patrie, dans tous les temps, dans tous les lieux.

Les patries actuelles et celles qui les ont précédées ont, toutes, un certain nombre de caractères communs qui permettent de définir les conditions générales auxquelles les patries sont assujetties, dans tous les temps, dans tous les lieux.

On ne connaît pas, en effet, de patrie, ou, en d'autres termes, pas d'union nationale :

sans communauté de territoire ;

sans communauté de gouvernement temporel et sans capitale ;

sans communauté de civisme et de traditions.

Une patrie est, à la fois, un être géographique, un corps politique, une personne morale qui se perpétue à travers les âges.

L'analyse successive de chacune de ces conditions, permanentes et inéluctables, révèle leur raison d'être.

CHAPITRE Ier

Pas de Patrie sans territoire.
Influence biologique, sociale et morale, de cette condition.

La Patrie, c'est, d'abord, la société stabilisée, sédentarisée, solidarisée avec une portion circonscrite du sol de la planète. C'est une unité géographique concrète et précise.

De même qu'on ne saurait concevoir la famille sans un foyer commun, autour duquel ses membres se réunissent, et sans un abri collectif qui les recouvre, sans un domicile, en un mot, de même la constitution de la Patrie exige d'abord un siège matériel borné par des limites spécifiques, affranchies des contestations riveraines.

En sociologie, comme en biologie, il n'y a pas de fonction sans organe, pas de phénomènes sans siège. C'est une loi naturelle qui, d'ailleurs, se vérifie aussi dans le domaine de la philosophie mathématique, astronomique, physique et chimique, et dont l'empire peut être considéré comme universel.

C'est pourquoi le territoire est l'organe primitif et le plus fondamental de la Patrie normale. C'est une condition biologique, autant que politique, parce que l'homme vit, directement ou indirectement, des produits du sol, et parce qu'il doit approprier celui-ci pour la satisfaction de ses besoins les plus impérieux.

Autrement, l'homme devrait vagabonder sans cesse à la recherche d'aliments incertains ; il n'aurait qu'une stabilité précaire et la vie sédentaire ne pourrait s'instituer. L'évolution sociale ne pourrait dépasser l'état des peuples nomades, chasseurs ou pasteurs. Grâce à la sédentarité, au contraire, le sol fournit aux deux classes les plus fondamentales de la société, sur lesquelles toutes les autres reposent, c'est-à-dire aux agriculteurs et aux industriels, les matériaux de leur activité. Nous sommes, de la sorte, subordonnés au sol même de la Patrie, physiquement, socialement et moralement.

De l'appropriation fragmentaire de la planète par les diverses sociétés humaines, résulte, en effet, l'intime liaison physique de notre organisme, à une portion limitée du milieu cosmique. Nous sommes alimentés par l'air, la terre, les produits végétaux et animaux de notre patrie. Les produits exotiques, que nous ajoutons aux produits indigènes, n'ont qu'une importance secondaire. La patrie est réellement notre garde-manger, notre nourrice ; nous assimilons intimement ses éléments matériels, qui entrent dans la composition de notre sang, de nos os et de tous nos tissus.

En disant que nous avons été fabriqués originellement avec le limon de la terre, la Bible a seulement donné une expression théologique à un fait d'observation réelle.

Nous sommes, en quelque sorte, pétris avec le sol même de notre patrie ; elle nous impose notre constitution, nos goûts et nos habitudes physiologiques, notre régime alimentaire, les conditions climatériques auxquelles notre organisme est adapté, conditions qui, finalement, lui conviennent le mieux. C'est pourquoi le meilleur remède, pour quelques déracinés, consiste dans le retour au milieu natal. C'est pourquoi l'extension des populations est subordonnée, dans une certaine mesure, aux habitudes mésologiques qu'elles ont contractées, et pourquoi l'on a pu soutenir, avec grande apparence de raison, que les Arabes ont été chassés de France, au VIIIe siècle, par la nature du climat, qui ne leur convenait pas, autant que par l'épée de Charles Martel.

D'autre part, le sol ne nous fournit pas seulement les substances propres à l'entretien de la vie. Nous lui devons aussi les matériaux de notre industrie, et c'est en raison de la nature du sol sur lequel elle réside, que telle population est agricole, telle autre manufacturière, telle autre maritime.

Ainsi, la patrie a pour conséquence d'établir, entre les hommes qui la composent, une première union, une première communauté de sensations, de goûts, d'habitudes biologiques, et d'activité pratique.

Mais nous ne nous bornons pas à utiliser, matériellement, le sol même de la patrie.

La liaison qui nous unit à lui n'est pas seulement physique.

Nous animons ce sol ; nous le fétichisons ; nous l'aimons, comme un témoin, comme un confident fidèle et discret, comme un reliquaire de toutes nos émotions.

Ce n'est pas pour nous un sol banal et muet ; il est le siège immuable de toutes nos impressions mentales et morales ; il nous raconte notre histoire personnelle. L'image de sa topographie reste éternellement gravée dans notre mémoire, avec les souvenirs correspondants, parce que, sur lui, s'écoulent notre vie, celle de nos proches, de nos amis, de nos contemporains, de tous ceux dont l'existence se rattache à la nôtre, parce que, sur lui, s'est écoulée la vie de nos pères, qui sont ensevelis dans son sein.

Le sol nous raconte aussi la vie de nos ancêtres. C'est le théâtre de l'histoire de la société dont nous sommes membres. C'est un domaine collectif, préparé, aménagé, accru, perfectionné, mis en état de défense et effectivement défendu, avec une infatigable âpreté, par toute la série de nos aïeux, dont les innombrables générations l'ont successivement arrosé de leurs sueurs, de leur sang, et enrichi de leurs os. C'est un immense musée archéologique qui, de mille manières, fait revivre le passé sous nos yeux. C'est le grand ossuaire national, et il n'est pas excessif de dire que, matériellement même, le sol de la Patrie se compose, dans une certaine proportion, de la poussière humaine des morts.

Or, toutes ces émotions historiques, que nous donne le sol de la patrie, ne nous sont pas personnelles. Nous les partageons avec nos contemporains, avec nos prédécesseurs. Nos successeurs les ressentiront aussi vivement que nous ; elles constituent un fonds commun, un réservoir inépuisable d'impressions qui forment l'une des meilleures sources de l'union nationale des hommes, parce qu'elles rallient à la fois les contemporains et les générations qui se succèdent.

Pour toutes ces raisons, l'appropriation d'une portion fixe du sol est le fondement primitif essentiel de toute Patrie, et, quel qu'il fût, le héros libérateur, qui délivra les Juifs de la servitude de l'Égypte, l'avait, s'il en faut croire la Bible, merveilleusement compris, puisque, dans le but de régénérer son peuple, en lui imposant la vie sédentaire, il le conduisit à la conquête d'une « terre grasse et abondante, bonne terre, ruisselant de lait et de miel », et fit mettre à mort tous ceux qui, ayant visité cette terre promise, osaient en médire.

Bossuet, dans tous les cas, a fortement fait ressortir cette nécessité dans sa *Politique Sacrée,* en démontrant que « la terre qu'on habite ensemble sert de lien entre les hommes et forme l'unité des nations (1) ».

« Ainsi, dit-il, la société humaine demande qu'on aime la terre où l'on habite ensemble ; on la regarde comme une mère et une nourrice commune ; on s'y attache et cela unit. C'est ce que les Latins appellent *caritas patrii soli,* l'amour de la patrie, et ils la regardent comme un lien entre les hommes. Les hommes, en effet, se sentent liés par quelque chose de fort, lorsqu'ils

(1) *Politique tirée de l'Écriture Sainte.* Livre 1er ; Art. II ; 3e proposition.

songent que la même terre qui les a portés et nourris étant vivants les recevra en son sein quand ils seront morts (1) ».

CHAPITRE II

Pas de Patrie sans gouvernement et sans capitale.

Toutefois, la communauté de territoire ne suffit pas pour établir la cohésion dans les sociétés humaines et pour constituer une patrie.

De même que la famille est une association d'individus, soumis à un chef, la patrie, même réduite à la tribu ou à la cité, est une association de familles ; c'est un organisme collectif. Or, cet organisme a des besoins et des intérêts généraux, supérieurs aux intérêts particuliers de chacun des éléments qui le composent.

Pour que l'union nationale existe, il faut donc encore que les hommes soient liés, les uns aux autres, par des lois communes et par un appareil qui fasse respecter ces lois, c'est-à-dire par un même gouvernement temporel, qui, dans une certaine mesure, surtout au début des sociétés, est fonction du territoire lui-même, puisque, non seulement, les relations extérieures, mais tous les besoins intérieurs de la population qui habite ce territoire, dépendent de son étendue, de sa forme, de sa situation géographique et de sa nature.

La deuxième condition de la constitution des patries est donc qu'il n'y a pas, qu'il ne peut y avoir d'union nationale ou de patrie, sans communauté, sans unité de gouvernement temporel, qui la condense, la représente, la personnifie, pour ses relations intérieures et extérieures, qui règle et rallie, qui institue et maintienne la réaction de l'ensemble sur les diverses parties, qui fasse

(1) *Ibidem.*

prédominer l'intérêt général sur l'intérêt privé, qui assure le concours des fonctions, tienne les perturbateurs en bride, mette un frein aux divisions et aux abus des forces locales ou individuelles, imprime à tous le même mouvement, les mêmes obligations.

Le gouvernement, les institutions qu'il incarne, les fonctions dont il est l'organe, les lois dont il assure le respect, conditionnent, dans chaque patrie, la manière de vivre, les règles de conduite et la moralité la plus essentielle de la population.

Comme le remarque encore Bossuet, « la société civile est une société d'hommes unis ensemble sous le même gouvernement et sous les mêmes lois. Par ce gouvernement et ces lois, le repos et la vie de tous les hommes est mise, autant qu'il se peut, en sûreté » (1).

Cette importance capitale des gouvernements à l'égard des patries, est clairement démontrée par Montesquieu, dans ses remarques sur la cause politique de la différence du peuplement des divers lieux de la terre.

« Les pays, dit-il, ne sont pas cultivés en raison de leur fertilité, mais en raison de leur liberté, c'est-à-dire de la sûreté dont les peuples y jouissent ; et si l'on divise la terre par la pensée, on sera étonné de voir la plupart du temps des déserts dans ses parties les plus fertiles et de grands peuples dans celles où le terrain semble refuser tout » (2).

La valeur de cet élément essentiel de la constitution des patries a récemment été, sous un autre point de vue, bien mise en relief par Sully-Prudhomme, dans sa belle étude : *Patrie et Humanité* (3), lorsqu'il a remarqué que « chaque État emprunte son nom tout ensemble à la forme de son gouvernement et à son principal facteur

(1) BOSSUET : *Politique Sacrée*. Liv. Ier; conclusion.
(2) *Esprit des Lois* ; Liv. XVIII : chap. III.
(3) LA REVUE : 1er Janvier 1904.

ethnologique : on dit le royaume d'Italie, la République Française, l'empire d'Allemagne, la confédération Helvétique, la principauté de Monaco, etc... »

De plus, comme le gouvernement, qui synthétise tous les intérêts d'une patrie et fait d'elle un corps de nation, a son siège dans une ville spéciale, comme il doit lui-même être stable et concentré, toute patrie comporte nécessairement une ville prépondérante, une tête de nation, une capitale, assimilable à la tête humaine qui renferme le cerveau et que les anciens appelaient une métropole.

Cette capitale est le centre des pouvoirs publics, la gardienne des institutions générales. Toutes les ramifications politiques qui font de la patrie un organisme unifié se rattachent à elle. C'est le foyer où s'élaborent, avec le plus d'activité, les destinées du pays, sa conscience collective, ses aspirations les plus caractéristiques, et dans lequel les lumières, qui lui sont propres, ont un rayonnement plus ardent et plus intense.

De pareilles villes ne peuvent être instituées arbitrairement. Souvent elles ont servi de noyau de cristallisation à la nation, et l'histoire a consacré leur influence.

C'est pourquoi l'histoire du genre humain tout entier pourrait, à la rigueur, être condensée dans quelques grandes villes, régulatrices de toute l'évolution sociale, éternellement dignes du respect de la postérité qui aurait dû jadis et devrait, à l'avenir, les conserver comme les sanctuaires de la Providence humaine. Telles furent, jusqu'ici, pour l'Orient moyen et l'Occident, Memphis, Thèbes, Saïs, Alexandrie, Babylone, Jérusalem, Athènes, Rome, Constantinople, Bagdad, le Caire, Cordoue, Paris.

CHAPITRE III

**Pas de Patrie sans civisme et sans traditions.
Prépondérance de ces dernières conditions.**

Mais, pour que le gouvernement favorise l'éclosion et
le développement du patriotisme, il ne suffit pas qu'il
existe; il faut encore qu'il gouverne réellement dans
l'intérêt public et qu'il ne considère pas les membres de
la société correspondante comme des instruments passifs
dont il peut user et abuser pour satisfaire des fantaisies
égoïstes.

Les hommes ne se solidarisent, ils ne s'agrègent en
une masse compacte, homogène, que lorsqu'ils sont liés
par une même communauté de droits et de devoirs
civiques, par les mêmes aspirations, par les mêmes
sentiments publics, par la participation à la même vie
sociale, quand le gouvernement enfin n'est que la plus
haute représentation de l'attachement de tous aux
garanties et aux libertés publiques. En un mot, le patriotisme n'est pas un sentiment absolu; il ne peut exister
sans civisme.

Il n'y a pas d'union nationale sans attachement, sans
dévouement aux institutions politiques.

Aussi, depuis le Moyen-âge, en dehors du régime
nouveau des libertés publiques, le patriotisme ne s'est-il
vraiment manifesté, en Occident, que quand les intérêts
collectifs sont devenus assez puissants pour rallier tous
les hommes, comme au temps des Croisades, des Communes, de la guerre de Cent ans et de Jeanne d'Arc.

« En définitive, le vrai patriotisme est né en France
avec la liberté : le peuple n'a pris à cœur les affaires
publiques que le jour où il lui a été permis d'y mettre
la main ; jusque-là, c'étaient les affaires du roi et de ses
ministres ; « les individus, disait avec tristesse Turgot,

dans son projet sur les municipalités, sont assez mal instruits des devoirs qui les lient à l'État. Les familles elles-mêmes savent à peine qu'elles tiennent à cet État dont elles font partie. Il n'y a point d'esprit public parce qu'il n'y a point d'intérêt commun visible. » Les Encyclopédistes, se faisant, comme toujours, les interprètes de la nation et de ses aspirations grandissantes, écrivaient : « Voulons-nous que les peuples soient vertueux? commençons par leur faire aimer la patrie; mais la patrie ne peut subsister sans la liberté ». Pourquoi, en effet, s'intéresserait-on si vivement à un État qui ne demande de vous que des impôts et des corvées ?

« Dans un état despotique, les vertus des citoyens sont des vertus de dupes » (1).

En réalité, le véritable patriotisme date : en France, de la Révolution, époque à laquelle les noms de patriote et de républicain étaient synonymes ; et, en Europe, du triomphe des idées libérales, consécutives à ce grand événement.

De toute manière, le territoire actuel des patries ne constitue pas seulement, avec son climat propre, ses productions, ses limites, sa situation, le milieu cosmologique spécial auquel la société est subordonnée ; il n'influe pas seulement sur la nature même de cette société et de son gouvernement. Ce territoire n'est pas l'œuvre d'un jour ; il n'a pas été conquis immédiatement, sans résistance de la part des premiers occupants et des voisins ; sa formation seule suppose encore un passé, une histoire, de même que le gouvernement et les libertés publiques. Bref, le territoire résulte du concours convergent et continu des générations successives ; il est le cadre d'un milieu moral, spécifique, beaucoup

(1) D'ALEMBERT : *Essai sur les Gens de lettres ; in* LOUIS DUCROS : *Les Encyclopédistes*, p. 365.

mieux caractérisé que le milieu cosmologique qui lui sert de substratum.

Pour toutes ces raisons, la constitution des patries est soumise à une dernière condition.

Il n'y a pas, il ne peut pas y avoir de patrie, d'union nationale, sans continuité dans le temps, sans histoire.

De même que le lieu de la naissance n'inspire d'affection à l'individu que quand des liens profonds, domestiques, puis civiques, et des événements décisifs y rattachent son existence objective et subjective, de même l'union patriotique suppose, aussi bien que l'union domestique, une communauté de traditions et de souvenirs, d'antécédents, d'opinions et de mœurs, et la solidarité, non seulement avec les contemporains, mais encore avec les ancêtres et les successeurs, autrement dit, une filiation commune qui oriente les destinées et les devoirs civiques de chacun et de tous.

L'homme ne saurait s'attacher fortement à des institutions immuables. La société l'intéresserait beaucoup moins, si elle ne pouvait être modifiée, s'il était assuré que le spectacle, qu'elle lui offre aujourd'hui, est identique à celui qu'elle a toujours présenté dans le passé, et qu'elle donnera perpétuellement dans l'avenir. La pensée de l'amélioration possible de cette société pour lui-même ou pour ses successeurs, le soutient et l'excite, au contraire, fortement ; elle lui fournit un idéal civique, une destination sociale.

D'ailleurs, il n'est nullement indispensable que l'histoire, nécessaire aux patries pour leur consolidation, soit une histoire militaire.

Il existe de nobles patries, telles que la Belgique, la Hollande, le Portugal, la Suède, la Suisse, dont l'histoire militaire est close, et dans lesquelles, cependant, le patriotisme est vigoureux, l'union nationale irré-ductible.

En définitive, l'ensemble des conditions nécessaires à la constitution normale d'une patrie se résume dans la fatalité du territoire, du gouvernement, du civisme et des traditions historiques.

Les similitudes de race, de langue, de religion, qui renforcent utilement l'union nationale, ne sont nullement indispensables à son établissement, à sa cohésion, à son énergie. Un grand nombre d'exemples contemporains ou historiques en témoignent.

De plus, bien que toutes les conditions essentielles, ci-dessus rappelées, soient également importantes, il en est une, cependant, qui paraît prépondérante, parce qu'elle survit à toutes les autres et peut, quand elle subsiste seule, servir encore d'aliment à un sentiment patriotique, vif et durable : c'est la condition des traditions; c'est le respect du passé, forme moderne du culte des ancêtres; c'est l'histoire, qui donne à chaque patrie une physionomie propre, une moralité générale, une psychologie collective, un état d'âme populaire, une conscience publique.

En effet, ce qui constitue, par excellence, l'union et la solidité d'une patrie, c'est l'esprit public ; ce sont les préoccupations collectives ; c'est un fonds commun d'espérances, d'émotions, d'angoisses, d'infortunes, d'ordre intérieur ou extérieur.

Cet élément forme le lien le plus puissant de l'union nationale ; il établit plus fortement qu'aucun autre la communauté entre toutes les classes ; il les fait effectivement communier dans une même affection, dans un même idéal public. En dépit des différences de race, de langue, d'opinions politiques, de croyances religieuses, de situations géographiques, il engendre l'unité parmi tous les membres d'une même patrie.

Malgré leur importance, tous les autres liens peuvent être plus ou moins relâchés, brisés même, sans que l'idée

— 23 —

de patrie s'éteigne, si la dernière condition de l'existence
des patries, celle d'une histoire, demeure.

Suivant les belles remarques de Renan, « l'homme est
tout dans la formation de cette chose sacrée qu'on
appelle un peuple. Rien de matériel n'y suffit. Une nation
est une âme, un principe spirituel, résultant des compli-
cations profondes de l'histoire.....

« Deux choses qui, à vrai dire, n'en font qu'une, constituent cette âme, ce principe spirituel. L'une est dans
le passé, l'autre dans le présent. L'une est la possession
en commun d'un riche legs de souvenirs ; l'autre est le
consentement actuel, le désir de vivre ensemble, la
volonté de continuer à faire valoir l'héritage qu'on a
reçu indivis.....

« Le chant spartiate : « Nous sommes ce que vous
fûtes ; nous serons ce que vous êtes », est, dans sa sim-
plicité, l'hymne abrégé de toute patrie » (1).

« La patrie, c'est une œuvre humaine, commencée
depuis des siècles, et que nous continuons » (2).

C'est ainsi que les Finlandais, les Polonais, les Irlandais,
n'ont plus de territoire, plus de gouvernement, plus de
libertés publiques qui leur soient propres; néanmoins, ils
restent unis par des liens irréfragables, parce qu'ils
pratiquent respectueusement le culte de leur passé historique, et parce qu'ils trouvent, dans sa contemplation,
une consolation pour le présent, un idéal pour l'avenir.

Grâce à cette survivance continue des traditions nationales, les Polonais pourront peut-être, au jour fatal de
la décomposition du Sud de l'Europe centrale, commencer à reconstituer un État indépendant.

(1) Renan : *Discours et Conférences. Qu'est-ce qu'une nation?*
P. 365 et suivantes.

(2) Ernest Lavisse : *La Patrie*, discours prononcé à la distribution des prix des écoles communales de Nouvion-en-Thiérache
(Aisne), 1905.

Au contraire, faute d'histoire, le sentiment patriotique est resté, pendant longtemps, très débile, dans les États-Unis de l'Amérique du Nord, et dans les États divers de l'Amérique du Sud, où les autres conditions de l'existence des patries étaient pourtant réalisées.

C'est aussi l'absence d'un patrimoine commun de souvenirs et d'une culture historique commune qui rend les Alsaciens-Lorrains si profondément réfractaires à l'assimilation germanique.

Quoi qu'il en soit, il résulte de l'ensemble des considérations qui précèdent que, d'une manière générale et abstraite, une patrie normale peut être définie, comme Pierre Laffitte l'a fait, mieux que quiconque, à mon avis :

Un ensemble de familles et de groupes sociaux, vivant sur un même sol, liés par un même gouvernement indépendant, ayant des traditions communes, et concourant à une même destination, sous le poids des nécessités créées par le passé, par la situation géographique et la nature du territoire (1).

CHAPITRE IV

Analyse du sentiment patriotique.

La définition de Pierre Laffitte, ci-dessu reproduite, ne résume pas seulement les conditions essentielles de l'existence de toute patrie ; elle découvre aussi les fondements profonds et mystérieux de l'amour de la patrie.

Ce sentiment est très complexe. Sa source est à la fois : dans les instincts personnels les plus énergiques, tels

(1) *Revue Occidentale :* 4ᵉ année, nᵒ 5 ; page 226.

que l'instinct de conservation individuelle et de propriété, les instincts destructeur et constructeur qui nous poussent au renversement des obstacles et à l'utilisation des matériaux, les instincts de la domination et de la vanité ; et dans les sentiments sociaux les plus nobles, comme la sympathie pour les contemporains, la vénération des ancêtres, la prévoyance affectueuse envers la postérité. C'est pourquoi, suivant l'inspiration dominante à laquelle cèdent les individus et les multitudes, le patriotisme peut prendre la forme de l'égoïsme, de la haine, de la férocité les plus sauvages, ou de la tendresse et de l'abnégation les plus sublimes.

L'habitude, résultant de l'accoutumance au climat, aux idées, aux mœurs, aux lois du pays qu'on habite, c'est-à-dire à l'ensemble des conditions familières dans lesquelles on vit et à la perturbation desquelles on est instinctivement opposé, tient certainement une place importante dans la formation du sentiment patriotique.

Ce sentiment dérive, foncièrement, d'une adaptation de tout notre être, physique et cérébral, aux conditions cosmologiques, biologiques, intellectuelles, sociales et morales, du milieu dans lequel nous sommes fixés.

« Le patriotisme, dans les âmes vulgaires, écrivait d'Alembert, je ne dis pas dans les grandes âmes, n'est guère que le sentiment de son bien-être et la crainte de le voir troublé ».

C'est ce que Turgot appelait « du patriotisme d'antichambre. »

Voltaire, sous une autre forme, exprimait les mêmes idées quand il disait :

« Celui qui veut être édile, tribun, préteur, consul, dictateur, crie qu'il aime sa patrie et il n'aime que lui-même. Chacun veut être sûr de pouvoir coucher chez soi sans qu'aucun autre homme s'arroge le pouvoir de l'envoyer coucher ailleurs. Chacun veut être sûr de sa fortune et de sa vie. Tous formant ainsi les mêmes souhaits, il se trouve que l'intérêt particulier devient l'intérêt général : on fait des vœux pour la République quand on n'en fait que pour soi-même » (1).

Mais un grand nombre d'impondérables, de nature sociale et altruiste, entrent aussi dans la formation du sentiment national, puisque la sympathie pour les contemporains, pour les prédécesseurs et pour les descendants, y tient une grande place.

Bref, en raison de la multiplicité des penchants et des intérêts qui le composent, le patriotisme est un sentiment populaire, qui se prête admirablement à la déclamation, et à l'aide duquel les charlatans politiques trompent aisément les foules, dans les circonstances où il n'est pas immédiatement imposé de traduire les paroles en actes.

Un Américain a même défini le patriotisme « le dernier argument des coquins », parce qu'il se transforme en instrument d'agitation démagogique, dans les mains de ceux pour qui la guerre peut devenir une source abondante de criminels profits.

« La guerre, disait dernièrement M. Bryan, ministre des Affaires Étrangères des États-Unis, est souvent faite dans l'intérêt de quelques-uns. Les profits sont ramassés par une poignée, tandis que la masse paie les impôts. Quelques hommes obtiennent la gloire, tandis que les mères donnent leurs fils comme nourriture aux champs de bataille !

« ..... A mesure que nous approfondissons mieux les choses, nous comprenons ce que signifie ce patriotisme mercenaire qui essaie de provoquer les conflits pour réaliser des bénéfices sur les plaques de blindage, les

____

(1) VOLTAIRE : *Dictionnaire Philosophique* ; article *Patrie*.

cuirassés et les fournitures militaires et comment il existe
des gens qui se cachent derrière le masque du patriotisme pour s'emplir les poches. »

Cependant, comme l'activité sociale est permanente, le
patriotisme doit l'être aussi.

Le dévouement social n'a pas besoin des champs de
bataille pour se manifester et se développer, attendu que,
dans sa forme la plus élevée, il consiste surtout à placer
l'intérêt public au-dessus de tous les intérêts personnels,
même nationaux, à aimer sa Patrie comme un organe de
l'Humanité elle-même, à s'inspirer de ses enseignements
séculaires, à coopérer à son rôle dans l'évolution générale.

Le véritable patriotisme, c'est l'amour du bien public
sous toutes les formes.

L'union nationale dépend de l'attachement de chacun
et de tous aux traditions, aux institutions, aux espérances,
aux préoccupations générales, en un mot, au génie
propre qui caractérise chaque nation.

La Patrie est une petite Humanité ; c'est un être continu, composé de tous ceux qui dans le passé, le présent
et l'avenir, ont travaillé, travaillent et travailleront à la
conservation, à l'administration et au développement de
tous les patrimoines qu'elle possède.

Le patriotisme est donc, surtout aujourd'hui, un sentiment bien plus imprégné de civisme que d'esprit militaire, puisque, heureusement, celui-ci n'a que des occasions de plus en plus rares de se manifester.

En effet, l'histoire étant la plus rigoureuse des conditions d'existence des patries, l'idée de patrie et le sentiment patriotique ne sont pas restés immobiles, dans
le cours des âges ; ils se sont modifiés avec le temps ;
ils évoluent toujours et leur évolution est gouvernée,
dans l'individu comme dans l'espèce, par la loi suivante,
qu'Auguste Comte a formulée :

« *La notion de patrie acquiert plus d'extension à mesure*

*que le développement humain habitue chacun à des rela-
tions plus vastes* » (1).

Originellement limitée à la combinaison de la famille
et de la demeure, elle s'étend ensuite, successivement,
dans chaque évolution individuelle : à la classe dont
cette famille fait partie et avec laquelle elle entretient
des relations plus fréquentes ; puis à la cité, dans laquelle
la famille vit ; enfin à la société générale dont cette cité
est un organe, et aux sociétés similaires.

Toutes ces phases de l'évolution individuelle correspondent aux stades historiques de l'idée de patrie. Pierre
Laffitte a résumé la série progressive de ces stades dans
le tableau de la consécration des jours de la troisième
semaine du mois de l'Humanité, qui ouvre le calendrier
abstrait élaboré par Auguste Comte (2). Suivant ce tableau, que je modifie légèrement, les jours de cette
semaine pourraient avoir, pour objets successifs, la glorification philosophique :

de la Patrie primitive ;
de la Patrie théocratique ;
de la Cité antique ou Patrie communale ;
de la Patrie militaire ;
de la Patrie catholico-féodale et monarchique ;
de la Patrie moderne.

Toutes ces glorifications partielles prépareraient à une
célébration dominicale qui les résumerait et les com-
plèterait, en prenant pour objet l'Union Nationale.

Me conformant à ce plan, je vais retracer rapidement
l'évolution historique de l'idée de patrie et du sentiment
patriotique, dans le but de déterminer scientifiquement,
c'est-à-dire en prenant exclusivement l'observation et
l'expérience pour bases, la constitution actuelle de cette

(1) Auguste Comte : *Politique Positive,* vol. III, p. 362.
(2) *Revue Occidentale* : 4ᵉ année, nᵒ 5, page 227.

idée, l'état de ce sentiment, et l'avenir vers lequel ils tendent.

Cette analyse historique, dénuée de toute vaine érudition, est d'autant plus nécessaire que la théorie abstraite de la Patrie, que je viens d'exposer, repose sur elle, et qu'elle éclairera très utilement, en les précisant, les différents aspects de cette théorie.

DEUXIÈME PARTIE

L'Évolution de la Patrie.

CHAPITRE Iᵉʳ

La Patrie primitive, domestique et fétichique.

Le premier état de la patrie, c'est l'état domestique et fétichique, qui se renouvelle, perpétuellement, dans la premiière enfance.

Alors, la patrie est bornée à la demeure paternelle, d'où son nom tire son origine, à la tente, au campement, à la case, à la maison, au coin de terre défrichée sur lequel se font les premières tentatives d'agriculture.

La patrie s'institue ainsi, spontanément, naturellement, en raison de nos besoins physiologiques et de notre sociabilité native, sans aucune intervention de législateur.

Le fétichisme, qui, comme nous l'avons vu, est toujours la source de l'amour qu'elle nous inspire, contribue aussi, de son côté, à la faire surgir originellement.

La forme la plus étendue de cette patrie élémentaire est :

dans le passé : la tribu, le district, le territoire de chasse, de pêche, de pâturage ou de culture ;

dans le présent : la ferme et ses terres, l'usine, le magasin, la propriété familiale, dans lesquels on commence à grandir.

Cette forme primitive de la patrie n'est, d'ailleurs, pas spéciale à l'espèce humaine.

Une patrie assimilable existe chez les animaux supérieurs, oiseaux et mammifères.

Tels sont : le nid des oiseaux pendant l'incubation et l'élevage des jeunes ; leur gîte habituel, pendant les autres époques. L'un et l'autre éveillent en eux des sentiments d'amour qui atteignent leur caractère le plus élevé chez les pigeons voyageurs et les oiseaux migrateurs qui, malgré leurs longues et lointaines pérégrinations, reviennent toujours à la même résidence.

Les hirondelles sont particulièrement caractéristiques à cet égard.

« Le foyer est à elles. Où la mère a niché, nichent la fille et la petite-fille. Elles y reviennent, chaque année ; leurs générations s'y succèdent, plus régulièrement que les nôtres. La famille s'éteint, se disperse ; la maison passe à d'autres mains ; l'hirondelle y revient toujours ; elle y maintient son droit d'occupation.

« C'est ainsi que cette voyageuse s'est trouvée le symbole de la fixité du foyer. Elle y tient tellement que la maison réparée, démolie en partie, longtemps troublée par les maçons, n'est pas moins souvent reprise et occupée par ces oiseaux fidèles de persévérant souvenir.

« C'est l'oiseau du retour » (1).

Tels sont encore : le terrier, le repaire, la tanière des mammifères sauvages, et l'écurie des mammifères domestiques, auxquels ont peut ajouter l'espace environnant, rendu familier par la chasse, la pâture ou le travail de chaque jour.

Pour les mammifères domestiques, cette patrie primitive présente l'aspect le plus net chez les chiens et

____

(1) MICHELET : *L'Oiseau* (édition Calmann-Lévy), p. 210.

surtout chez les chats, qui ont, pour la demeure qu'ils partagent avec nous, un attachement si fidèle.

Dans tous les cas, ces faits, d'ordre zoologique, prouvent que c'est le Fétichisme, autant que l'intérêt, qui institue et fait primitivement chérir la Patrie. On le voit bien clairement chez les hommes simples, que dominent l'amour du sol natal et le patriotisme de clocher, et chez les peuples primitifs que l'éloignement de leurs pénates plonge dans le marasme.

Sous la forme de l'amour du territoire, le patriotisme est, en effet, un sentiment naturel et spontané, très ancien, existant déjà dans les tribus sauvages, où il n'est souvent, à vrai dire, qu'une manifestation de l'instinct de propriété qui en renforce l'énergie.

Selon l'observation d'Auguste Comte, « l'institution de la Patrie vient compléter l'existence fondamentale de toute société, domestique ou politique, en spécifiant convenablement la subordination générale de l'organisme envers le milieu. Avant même que la vie sédentaire ait prévalu, ce besoin trouve une imparfaite satisfaction, d'après un mode spontané qui annonce et prépare ce lien final. La tente, le chariot et le navire deviennent alors une sorte de patrie mobile qui déjà maintient une relation spéciale de la famille ou de la horde avec le milieu inerte, comme nous le montre encore le saltimbanque errant dans son char. En effet, l'homme aspire toujours à consolider sa frêle existence, en la liant, sous un mode quelconque, à celles qui sont les plus fixes » (1).

De toute manière, quand le patriotisme existe dans l'état primitif, comme l'a justement fait remarquer Letourneau dans le livre qu'il a consacré, à l'étude de l'évolution de la morale, il est des plus étroits. C'est sim-

______

(1) *Politique Positive* ; II, p. 285.

plement l'amour de la propriété, appliqué à tout ce que possède le petit groupe dont on fait partie. Hors de là, la haine est la règle habituelle de la conduite.

« Partout, en pays primitif, les Européens trouvent, sans peine, des indigènes qui s'associent à eux, avec la plus grande joie, pour exterminer ou opprimer leurs voisins d'au-delà de tel ruisseau ou de telle montagne...

« En Polynésie, cette haine du voisin était générale. « J'aurais pu, dit Cook, exterminer la race entière, si j'avais suivi les conseils que je reçus : les habitants de tous les villages ou hameaux me prièrent, chacun à leur tour, de détruire leurs voisins ». Poster en dit autant des Nouka-Hiviens » (1).

Tous les peuples du centre de l'Afrique ont encore les mêmes dispositions diplomatiques.

CHAPITRE II

La Patrie Théocratique.

A l'état primitif, domestique et fétichique, de la patrie, l'évolution sociale a fait succéder, chez les peuples civilisés, l'état théocratique et le régime des castes, qui se répètent pendant la première et la deuxième enfance, où l'enfant n'aime guère que la classe sociale, riche ou pauvre, agricole ou maritime, commerciale ou industrielle, aristocratique ou bourgeoise, à laquelle sa famille appartient.

Telles furent, dans le passé, les patries Égytienne, Assyrienne, Chaldéenne. Telle est, actuellement encore, la patrie Indoue.

La patrie théocratique constitue une patrie sans patrio-

____

(1) LETOURNEAU : *L'évolution de la morale*, p. 163.

tisme collectif, sans cohésion des individus, sans union nationale, sans solidarité ni vigueur devant les chocs extérieurs, parce que les classes sont simplement super- posées, — « comme l'huile et l'eau dans un verre », — suivant la suggestive expression de Renan. Ces classes n'ont pas d'intérêts communs. Le civisme leur est in- connu.

La simple juxtaposition de castes, leur coexistence sans connexité, sont insuffisantes pour déterminer la combinaison des éléments sociaux et pour constituer un corps de nation.

Ce vice constitutionnel explique comment l'Égypte put être conquise par de simples promenades militaires de Cambyse, d'Alexandre et des Romains, et comment Babylone est si facilement tombée sous les coups de Cyrus et d'Alexandre.

La même absence de solidarité, la même débilité poli- tique expliquent encore comment 300.000.000 d'Hindous obéissent à 60.000 Anglais, qui, en raison du climat, ne peuvent même pas faire souche dans cette partie du globe terrestre.

La domination étrangère, dans les théocraties, ne porte atteinte qu'à la situation de la caste militaire. Quant aux autres castes, il leur est indifférent d'être subordon- nées à une caste militaire indigène ou à une caste mili- taire extérieure, puisque, dans l'un et l'autre cas, leur condition est identique, le régime des castes interdisant à l'homme toute profession autre que celle de la caste à laquelle il appartient.

Les lois de Manou sont muettes sur les devoirs envers la patrie ; elles assignent aux Kchatriyas et au roi, seu- lement, le devoir de protéger les peuples, de faire la guerre aux ennemis de leurs sujets et de ne pas lâcher pied dans la bataille.

Heureusement, l'élite de l'espèce humaine s'est émancipée de ce système social, aussi oppresseur qu'inconsistant, et l'état théocratique de la patrie fut suivi, dans l'évolution historique, par l'état de communauté, caractérisé par la cité antique que nous permet encore de mieux comprendre l'état du patriotisme, dans la seconde enfance et dans l'adolescence.

CHAPITRE III

La Cité antique.

Le sentiment patriotique profond a débuté, dans l'histoire, par la cité, quand le développement de la vie guerrière rendit tous les éléments de cette cité solidaires et convergents.

La cité, dans laquelle la communauté se substitue aux castes, est le type normal de la Patrie ; c'est sa meilleure représentation, et c'est encore, par l'amour qu'on a pour elle, ou pour sa commune, pour son village, que le patriotisme véritable se manifeste tout d'abord.

Les Grecs n'ont pour ainsi dire jamais eu d'autre patrie ; il en est résulté pour eux l'impossibilité de constituer, d'une manière durable, une grande unité territoriale et cette pulvérulence géographique que la politique romaine a très habilement exploitée.

Mais la patrie se montrait, à leurs yeux, sous un aspect concret, très précis, qui, pendant de longs siècles, ne permit aucune incertitude sur sa constitution et sur la nature des obligations sociales qu'elle impose.

« Les petits États de la Grèce étaient pour la plupart enclos de frontières naturelles. Souvent le citoyen pouvait embrasser d'un regard circulaire le territoire entier de son pays natal, en emporter dans sa mémoire l'image complète : au centre, la capitale avec son enceinte fortifiée et son acropole ; dans la plaine environnante, des bourgades ouvertes et quelques places-fortes ; sur les défilés de la montagne, des tours préposées à la garde des confins » (1).

Et la capitale de ces États était une sorte de sanctuaire, à l'établissement duquel on avait procédé solennellement, suivant des rites religieux, dont plusieurs auteurs anciens ont conservé la tradition, et que le récit légendaire de la fondation de Rome, par Plutarque, fait revivre, avec fidélité.

« Romulus, au dire de Plutarque, se mit à bâtir sa ville ; mais auparavant il fit venir des hommes de Toscane qui, avec toutes les cérémonies et selon leurs usages, lui enseignèrent ce qu'il fallait pratiquer en cette occasion, tout de même que dans les plus grands mystères. On creusa un fossé autour du lieu qu'on appelle présentement le Comice ; on y jeta les prémices de toutes les choses que les hommes mangent légitimement comme bonnes et naturellement comme nécessaires, et chacun y ajouta une poignée de terre qu'il avait portée du pays d'où il était venu. Ce fossé est appelé *Monde*, du même nom que l'univers. Après cela, tout autour de ce fossé, on tire avec un aiguillon une ligne qui marque l'enceinte de la ville, et le fondateur, mettant un soc d'airain à une charrue et y attachant un bœuf avec une vache, trace lui-même un profond sillon sur la ligne qu'on a tirée, et il y a des gens après lui qui ont soin de ranger du côté de la ville toutes les mottes de terre que le soc élève et de n'en laisser aucune en dehors. Cette ligne marque le circuit des murailles et on l'appelle *Pomœrium*, de *Postmœrium* après le mur. A l'endroit où l'on veut faire les portes, on suspend la charrue,

____

(1) Fougères : *La vie publique et privée des Grecs et des Romains*, p. 1.

et on la porte sans continuer le sillon, car les Romains estiment que les murailles sont sacrées, et si les portes l'étaient aussi, ils ne pourraient, sans scrupule, y faire passer ni les choses nécessaires qui doivent entrer dans la ville, ni les impures qui doivent en sortir.

« Tous les auteurs conviennent que cette cérémonie de la fondation de Rome se fit le vingt et un d'avril, jour que les Romains fêtent encore, l'appelant le jour natal de la ville. Au commencement, ils n'y sacrifiaient, dit-on, rien qui eût vie, estimant qu'une fête, consacrée à la naissance de leur patrie, devait se conserver pure et nette, sans être souillée de sang » (1).

Quoi qu'il en soit, la cité antique était, de la part de ses habitants, l'objet d'un respect superstitieux, parce que l'attachement qu'elle inspirait se confondait avec la religion et surtout avec le culte des ancêtres, dont les tombeaux occupaient presque autant de place que la demeure des vivants, comme on le voit encore en Chine.

De même que les dieux Lares n'étaient dieux que pour la famille qui les adorait, les divinités poliades, les génies, les héros, protecteurs de la cité, lui étaient exclusivement attachés, et cette conception, purement subjective, est une nouvelle preuve de l'étroite solidarité du patriotisme d'alors avec l'habitat.

« Terre sacrée de la Patrie ! disaient les Grecs. Ce n'était pas un vain mot, selon les judicieuses remarques de Fustel de Coulanges ; ce sol était véritablement sacré pour l'homme, car il était habité par ses dieux. État, Cité, Patrie, ces mots n'étaient pas une abstraction comme chez les modernes ; ils représentaient réellement tout un ensemble de divinités locales avec un culte de chaque jour et des croyances puissantes sur l'âme.

(1) *Romulus,* traduction Dacier.

« On s'explique par là le patriotisme des anciens, sentiment énergique qui était pour eux la vertu suprême et auquel toutes les autres vertus venaient aboutir. Tout ce que l'homme pouvait avoir de plus cher se confondait avec la Patrie. En elle, il trouvait son bien, sa sécurité, son droit, sa foi, son dieu. En la perdant, il perdait tout....

« Qu'il quitte ces saintes murailles, qu'il franchisse les limites sacrées du territoire, et il ne trouve, pour lui, ni religion, ni lien social d'aucune espèce. Partout ailleurs que dans sa patrie, il est en dehors de la vie régulière et du droit ; partout ailleurs, il est sans dieu et en dehors de la vie morale....

« Le Grec ou le Romain ne meurt guère par dévouement à un homme ou par point d'honneur ; mais à la Patrie, il doit sa vie. Car si la Patrie est attaquée, c'est sa religion qu'on attaque. Il combat véritablement pour ses autels, pour ses foyers, *pro aris et faucis ;* car si l'ennemi s'empare de sa ville, ses autels seront renversés, ses foyers éteints, ses tombeaux profanés, ses dieux détruits, son culte effacé. L'amour de la patrie, c'est la piété des anciens.

« Il fallait que la possession de la Patrie fût bien précieuse, car les anciens n'imaginaient guère de châtiment plus cruel que d'en priver l'homme. La punition ordinaire des grands crimes était l'exil.... qui était à la fois un bannissement et une excommunication.

« .... N'ayant plus de culte, l'exilé n'avait plus de famille, plus de droit de propriété ; ses biens étaient confisqués ; .... il n'avait plus ni foyer, ni femme, ni enfants. Mort, il ne pouvait être enseveli, ni dans le sol de la cité, ni dans le tombeau de ses ancêtres, car il était devenu un étranger.

« Aussi était-il presque toujours permis au coupable d'échapper à la mort par la fuite. L'exil ne semblait pas un supplice plus doux que la mort. Les jurisconsultes Romains l'appelaient une peine capitale » (1).

Auguste Comte a, d'autre part, magistralement analysé, dans la page ci-dessous reproduite, les raisons multiples pour lesquelles, sous cette forme de la cité, la patrie a donné naissance au sentiment national le plus vif, le plus passionné, le plus puissant.

« Il est clair, dit-il, que le Polythéisme a directement développé, au plus éminent degré, cet amour de la patrie spontanément ébauché par le fétichisme, secondant déjà de la manière la plus naturelle, l'attachement naïf pour le sol natal. Consacrée et stimulée par le Polythéisme, en vertu de son caractère éminemment national, cette affection primitive s'était élevée, chez les anciens comme chez tous les peuples analogues, à la dignité du patriotisme le plus profond et le plus énergique, souvent exalté jusqu'au fanatisme le plus prononcé, et qui devait alors constituer le but principal et presque exclusif de l'ensemble de l'éducation morale. Il serait superflu d'insister ici sur l'admirable relation d'un tel sentiment prépondérant, à la destination spéciale de ce second âge social, ni sur l'intensité spontanée qu'il devait recevoir, soit du peu d'étendue des nations anciennes, soit de la nature même des guerres, qui devait, aux yeux de chacun, présenter sans cesse comme imminente la mort dans les supplices ou l'esclavage, dont le plus entier dévouement à la patrie pouvait seul habituellement préserver. Quelque férocité que dût nécessairement entretenir alors une telle disposition, où la haine de tous les étrangers quelconques était toujours inséparable de l'attachement au petit nombre des compatriotes, elle a certainement concouru, outre son application immédiate, au développement fondamental de

____

(1) FUSTEL DE COULANGES : *La Cité Antique ;* livre III, ch. XIII.

notre éducation morale, où elle constitue un indispensable degré, qui, par sa nature, ne saurait jamais être impunément franchi, malgré l'incontestable prééminence du terme final, si heureusement établi ensuite par le christianisme dans l'amour universel de l'humanité, dont l'introduction trop prématurée eût inévitablement entravé l'indispensable essor militaire de l'antiquité » (1).

C'est pourquoi, ainsi que le démontrait un orateur grec, en requérant, avec véhémence, contre un certain Léocrate qui s'était enfui d'Athènes, après la victoire de Philippe de Macédoine, à Chéronée, l'homme qui se dérobait à l'obligation de défendre sa patrie, devait être regardé comme coupable des crimes les plus grands et les plus odieux : « crime de trahison, puisque, en abandonnant la ville, il l'a livrée aux mains des ennemis ; crime de lèse-démocratie, puisqu'il a refusé de combattre pour la liberté ; crime d'impiété, puisque, autant qu'il dépendait de lui, il a laissé ravager les bois sacrés, renverser les temples ; crime d'outrage envers les parents, puisqu'il a, pour sa part, détruit leurs tombeaux et aboli les honneurs funèbres qui leurs sont dus ; crime enfin de désertion et d'insoumission, puisqu'il ne s'est pas mis à la disposition des stratèges pour être enrôlé » (2).

Au contraire, même ravagée, ruinée, perdue, la cité restait, ordinairement, un objet d'adoration sublime pour les anciens, qu'ils fussent Grecs, Latins ou Israélites.

« O Jérusalem, disaient les Juifs, pendant la captivité de Babylone, si jamais je puis t'oublier, puissé-je m'oublier moi-même ! »

« Il est temps, ô Seigneur, que vous ayez pitié de Sion. Vos serviteurs en aiment les ruines mêmes et les pierres

(1) *Philosophie Positive :* V, p. 154.
(2) In Paul Guimaud : *Lectures historiques : histoire de Grèce,* p. 111.

démolies : et leur terr/ natale, toute désolée qu'elle est,
a encore toute ieur tendresse et toute leur compassion ».

Les siècles ont passé ; ces sentiments n'ont pas vieilli
Les Juifs de Jérusalem vont encore, chaque jour de
Sabbat, réciter les mêmes prières et verser des larmes
au pied des murs du temple qui fut la dernière citadelle
de leurs pères que Titus dut exterminer jusqu'au dernier
pour se rendre maitre de la ville.

La Bible a, d'ailleurs, si fortement traduit les sentiments patriotiques, sous toutes les formes, que les habitants de Metz, après 1871, lui ont emprunté l'expression
de leur propre désespoir.

Sur le monument qu'ils ont élevé, au cimetière de l'ile
Chambière, aux soldats français morts en défendant les
murs de cette ville infortunée, ils ont gravé ces belles
paroles de Mattathias, chef de la maison des Macchabées :

« Malheur à moi ! Fallait-il naitre pour voir la ruine
de mon peuple, la ruine de ma cité, et demeurer au
milieu d'elle, tandis qu'elle est tombée aux mains de
l'ennemi ».

CHAPITRE IV

La Patrie Militaire.

Mais la conquête, puis l'assimilation ont servi, dans
les cas les plus favorables, de destination sociale à la
guerre, et c'est surtout dans l'état militaire systématisé,
par lequel repasse encore la jeunesse, que le patriotisme
acquiert sa plus grande activité.

Alors, la patrie a toujours pour foyer central une ville
prépondérante ; mais cette ville rallie graduellement les
cités voisines ; elle les subordonne ; elle les agrège, et

l'union, engendrée, fortifiée par les luttes continuelles, pour la défense, l'organisation et l'agrandissement du territoire conquis, crée une étroite solidarité, une incomparable union, entre tous les éléments de la société.

La constitution de la patrie militaire est un des progrès les plus décisifs de l'évolution collective, à cause de l'étendue et de l'énergie exceptionnelles que reçoit, ainsi, le sentiment social.

La torpeur et l'égoïsme des hommes se trouvent vigoureusement secoués par cette organisation qui exige un concours, une convergence, une coordination méthodiques, en un mot, une activité commune, à laquelle tous les efforts individuels et collectifs doivent prendre part et se rapporter.

Alors, vraiment, au lieu d'un amas confus d'individus ou de cités indépendantes, on voit surgir une association de cités et la société, devient une vaste combinaison, un grand organisme synergique.

Ce résultat fut surtout l'œuvre de la civilisation Romaine qui constitua réellement la Patrie, sur le modèle qui n'a cessé de se perfectionner dans la suite.

L'origine du patriotisme Romain, si énergique aux beaux temps de la République, doit être recherchée dans l'établissement définitif du concours des plébéiens et des patriciens à toutes les fonctions publiques et dans l'intérêt que la population, en général, fut excitée à prendre aux affaires de la nation.

Née de la guerre, développée par la guerre, inspirée par un merveilleux esprit pratique qui ne cessa de progresser, la République romaine fit, à la longue, prédominer la notion d'intérêt public sur toute autre considération ; elle finit par instituer la plus intense subordination de l'individu à la société qui se soit jamais réalisée et donna une splendeur incomparable au sentiment civique.

« Le fond d'un Romain, disait Bossuet, était l'amour

de la liberté et de la patrie ; une de ces choses lui faisait aimer l'autre. »

D'autre part, en systématisant la conquête et en s'assimilant les peuples vaincus, Rome fit surgir un genre de patrie, inconnu jusque-là.

Antérieurement, il n'y avait réellement eu que des cités indépendantes sur notre planète.

Or, lorsque la puissance romaine prit son essor, on vit les cités s'associer et concourir à la vie d'un organisme social beaucoup plus étendu.

Le grand problème du gouvernement des hommes fut, de la sorte, posé pour jamais, et, depuis, il a toujours eu pour objet d'établir l'harmonie, la solidarité, l'unité, entre des éléments bien plus divers et multiples que dans les civilisations antécédentes. Bref, l'empire fut désormais substitué à la cité et la patrie cessa d'être le corps matériel, objectif, synoptiquement visible, qu'elle formait au temps de la cité antique ; elle devint un être abstrait, subjectif, finalement gigantesque ; car le vaste territoire, sur lequel s'étendit la conquête romaine, soumis à un système d'administration générale, plus ou moins uniforme, fut transformé en une patrie unique.

Un décret impérial finit, en effet, par accorder le droit de citoyen Romain, c'est-à-dire le droit d'être traité suivant les lois et le régime de Rome, à tous les hommes libres sans distinction.

« On ne rencontre guère dans l'histoire, dit Fustel de Coulanges, de décrets plus importants : il supprimait la distinction qui existait depuis la conquête Romaine entre les peuples dominateurs et les peuples sujets ; il faisait même disparaître la distinction, beaucoup plus vieille, que la religion et le droit avaient marquée entre les cités. Cependant les historiens de ce temps-là n'en ont pas pris note et nous ne le connaissons que par deux textes vagues..... ; c'est qu'il proclamait et faisait passer dans le domaine du droit ce qui était déjà un fait accompli. »

. . . .

« On voit combien la cité Romaine s'était développée d'âge en âge. A l'origine, elle n'avait contenu que des patriciens et des clients ; ensuite la classe plébéienne y avait pénétré, puis les Latins, puis les Italiens ; enfin vinrent les provinciaux. La conquête n'avait pas suffi à opérer ce grand changement ; il avait fallu la lente transformation des idées, les concessions prudentes, mais non interrompues, des empereurs, et l'empressement des intérêts individuels. Alors, toutes les cités disparurent peu à peu, et la cité Romaine, la dernière debout, se transforma elle-même si bien qu'elle devint la réunion d'une douzaine de grands peuples sous un maître uniqu.. Ainsi tomba le régime municipal » (1).

Par malheur, l'extension même de l'empire Romain devint funeste à cet amour de la patrie et de la liberté qui présidèrent à sa fondation et favorisèrent son essor. Malgré le prestige conservé par la ville incomparable qui formait le cœur de cet immense État, ces deux sentiments s'altérèrent progressivement, au point d'enlever tout ressort aux populations exposées à l'invasion des Barbares, aux aguets devant toutes ses frontières.

Sous l'impulsion de ces peuples turbulents et arriérés, la Patrie féodale, dans laquelle l'activité militaire défensive finit par prévaloir, se constitua.

CHAPITRE V

La Patrie Catholico-Féodale et Monarchique.

Dans la patrie féodale, la solidarité, l'unité politiques, rétrogradant vers le particularisme de la cité antique,

(1) *La Cité Antique,* p. 454-456.

étaient beaucoup moins étendues que dans la patrie militaire antécédente ; elles n'étaient favorables qu'au patriotisme de clocher. Mais on vit apparaitre simultanément un nouveau mode de ralliement des hommes qui aboutit, en fait, à une extension du patriotisme.

Une religion universelle se substitua , pendant ce temps, aux religions locales.

Les populations se coordonnèrent sous une même direction spirituelle. L'unité de foi s'établit, et, à l'amour de la patrie, se joignit la sympathie pour les patries auxquelles elle était unie par le même lien religieux.

Alors, les hommes ne se battent plus seulement pour leur pays ; ils luttent aussi pour leur croyance avec une indomptable énergie, et tous ceux qui professent cette croyance, marchent sous la même bannière, sans distinction d'origine.

Les patries s'associent sous l'égide de la religion.

Le régime monothéiste et féodal donna naissance à la fraternité des peuples et au patriotisme Occidental et Oriental, qui embrassent, l'un, toute la Chrétienté, l'autre, tous les pays Islamiques.

Ces sentiments sont nouveaux dans l'histoire.

On les voit poindre au temps de Charlemagne ; mais ils sont surtout attestés par les grandes guerres religieuses du Moyen-âge, spécialement, par la quatrième croisade, entreprise par Philippe-Auguste, roi de France, Richard Cœur-de-Lion, roi d'Angleterre, et Frédéric Barberousse, empereur d'Allemagne, accompagnés de puissantes armées de volontaires, assimilables à un seul peuple.

De même, malgré leur indépendance, les royaumes musulmans de Damas, d'Alep, de Tunis, du Maroc et d'Espagne, restèrent toujours unis contre les Chrétiens.

Toutefois, les croisades furent le point de départ d'un nouveau régime politique qui aboutit, en définitive, à la constitution de la monarchie absolue, après avoir très

activement favorisé le développement des libertés muni-
cipales et la renaissance du sentiment civique et du sentiment national.

Les milices bourgeoises, en secondant, en France, la
royauté, en Angleterre, l'aristocratie, manifestèrent un
patriotisme ardent et persévérant, qui permit de dégager
les patries modernes du chaos féodal ; mais, en devenant
graduellement absolue, la monarchie se montra jalouse
de tout ce qui pouvait gêner l'exercice de son pouvoir ;
elle ne tarda pas à combattre, puis à étouffer les sentiments civiques, et sous l'influence de son despotisme,
aux xviie et xviiie siècles, le patriotisme, qui n'était plus
stimulé par l'amour des libertés publiques et se résumait
dans l'adoration du roi, devenu une espèce d'être surna-
turel, investi de la grâce de Dieu, s'affaiblit au point que
des hommes de guerre comme Turenne et Condé tiraient
indifféremment l'épée pour ou contre leur pays, et que,
— Vauvenargues l'affirme, — « le service du pays, même
à l'armée, passait pour une vieille mode et pour un pré-
jugé ».

Les armées n'étaient plus qu'un ramassis d'hommes à
gages, et Voltaire pouvait écrire, dans son dictionnaire
philosophique, à l'article *Patrie :* « Parmi nos nations
d'Europe, tous ces meurtriers, qui louent leurs services
et qui vendent leur sang au premier roi qui veut les
payer, ont-ils une patrie ? Ils en ont bien moins qu'un
oiseau de proie qui revient toutes les fois dans le creux
du rocher où sa mère fit son nid ».

Durant les siècles que remplit la transformation lente
du régime institué par le Moyen-âge, le patriotisme ne
brille d'un pur éclat qu'au sein des peuples que la tyrannie
révolte et qui font d'opiniâtres efforts pour se libérer de
son joug, comme les Hollandais au temps de Guillaume
le Taciturne, les Anglais au temps de Cromwell, les Amé-
ricains du Nord au temps de Washington.

CHAPITRE VI

La Patrie et le Patriotisme modernes.

En réalité, le patriotisme moderne date, autant en Europe qu'en France, de la Révolution française qui, en suscitant chez les hommes un vif intérêt pour les institutions politiques et sociales, en émancipant leur esprit des superstitions théologiques, a donné à tous les sentiments civiques un incomparable développement, et rendu criminelles et odieuses les habitudes de l'ancien régime.

Le patriotisme des sans-culotte a fini par se substituer à celui des émigrés de Coblentz et par s'imposer aux générations suivantes.

De plus, l'unité, l'homogénéité nationales, se sont puissamment développées, surtout en France, par suite de la suppression des anciennes provinces et de l'institution de la communauté générale des lois, c'est-à-dire par suite de l'agrégation de toutes les parties du pays, jusque-là plus ou moins distinctes, en un grand organisme dans lequel toutes ces parties obéissent à un pouvoir central unique. Les mœurs elles-mêmes ont suivi ce mouvement d'unification ; car le développement des facilités de communication, sous toutes les formes (routes, canaux, chemins de fer, postes, télégraphes, téléphones, journaux), l'essor de la grande industrie et de la vie économique font disparaître, graduellement, les particularités locales et transforment tous les habitants de chaque État en un seul et même peuple.

Ainsi, une dernière espèce de patriotisme, celle des Patries actuelles, s'est constituée.

Ces patries ont été créées par l'action combinée de la guerre, des gouvernements, de la diplomatie, de la religion, du civisme national, et par le concours séculaire, convergent et continu, des générations ; elles sont maintenues, dans leur situation présente, par la nécessité de la défense nationale, due à la persistance intempestive du régime militaire que Napoléon Ier a si criminellement provoquée.

L'unité politique et administrative est généralement réalisée à l'intérieur de ces patries, du moins en Occident. Mais elles sont dépourvues, depuis la fin du Moyen-âge, d'unité mentale et morale profonde. Ce grand besoin commence cependant à trouver sa satisfaction dans la généralisation des croyances scientifiques, des mœurs et des préoccupations nouvelles que l'esprit positif et l'état social imposent à chaque collectivité.

De plus en plus, les pensées et les sentiments, étrangers à toute théologie, qui rapprochent les hommes, se multiplient et se fortifient ; la similitude mentale et morale, tend à s'accentuer. Ce mouvement est favorisé, accéléré, par la fréquence et la commodité des communications, des rapports intellectuels, moraux et économiques, par la presse, les livres, les conférences, la liberté de parler, d'écrire, de se réunir, de s'associer.

Grâce au régime constitutionnel et au progrès des institutions démocratiques, l'esprit public a pris un développement qu'il n'a jamais présenté.

Les hommes et les femmes s'intéressent ardemment à la vie nationale.

Tout en restant, par excellence, des citoyens, c'est-à-dire en vivant et travaillant généralement pour la cité dans laquelle nous résidons, nous fraternisons, plus spécialement, avec les habitants de toutes les autres cités dont l'association constitue notre nation.

Ainsi, loin de se désagréger, les patries se consolident ; elles deviennent plus compactes et cohérentes, plus unies, et forment maintenant de véritables communautés nationales.

Cette marche générale vers l'unité ne présente d'exception que dans quelques grands États comme l'Allemagne, l'Autriche, la Russie, qui sont encore beaucoup
plus des amas de petites patries que des vastes patries
homogènes, parce qu'ils se sont agiégé, par des conquêtes
récentes et par une incorporation, purement nominale,
des nationalités secondaires qui restent animées par des
traditions historiques et par des aspirations civiques
distinctes, irréductibles.

En résumé, la Patrie est un phénomène social, une
institution, de tous les temps, de tous les lieux, qui n'a
cessé de se développer ; il n'existe que de simples variations, dans l'énergie et la rapidité du ralliement qu'elles
effectuent toutes, même en Extrême-Orient, où la Chine,
après le Japon, se rapproche graduellement du type
contemporain des patries Occidentales.

Le patriotisme a suivi, dans son évolution, la même
marche que la civilisation. Comme il repose essentiellement sur la communauté des sentiments, des idées et
des habitudes, il s'est étendu lui-même à mesure que
cette communauté s'étendait de la famille à la tribu, de
la tribu à la cité, de la cité à la province, de la province
à l'État.

Il est, par conséquent, absurde de s'insurger contre
cette loi fatale ; la raison commande, au contraire, de se
subordonner à elle, comme à toutes les autres lois naturelles. Car, non seulement nous ne pouvons rien changer
à l'ordre spontané des choses, mais nous ne pouvons
modifier favorablement l'intensité des phénomènes qui
en résultent qu'en nous soumettant à cet ordre. Partout
et toujours, en cosmologie, en biologie, en sociologie, la
soumisión aux lois naturelles est la base du perfectionnement et le progrès n'est que le développement de
l'ordre correspondant.

Dans le cas particulier qui nous occupe, nous devons d'autant moins hésiter à respecter cette prescription générale de la philosophie positive, que — nous l'allons montrer dans un instant, — l'influence de la Patrie se traduit par les conséquences les plus heureuses.

Néanmoins, il ne faut pas perdre de vue que l'étude historique de l'évolution de la Patrie aboutit à prouver, en dehors des constatations déjà faites, que le patriotisme s'épure. L'amour de la Patrie tend manifestement à perdre son caractère farouche d'antan ; il devient de moins en moins égoïste, de plus en plus désintéressé ; sa source actuelle est plutôt dans la sympathie pour la nation qui l'inspire que dans la haine des autres nations.

L'évolution n'a cessé de modifier le sentiment patriotique ; à la haine qui l'excitait d'abord, elle substitue de plus en plus une source généreuse. L'amour vrai de la Patrie remplace la xénophobie.

Certes, ce qui détermine la similitude essentielle des Patries, cause toujours, simultanément, leur diversité. Parce qu'elles ont, nécessairement, des territoires, des gouvernements, des institutions, un patrimoine historique spécialisés, elles engendrent aussi des patriotismes différents qui les rendent presque fatalement antagonistes.

Cependant, il est indéniable que, depuis la seconde moitié du xixᵉ siècle, principalement depuis le développement du régime de la grande industrie, les peuples tendent, graduellement, en dépit des guerres et des conflits que provoquent encore le choc des nations, vers une conception nouvelle de leurs rapports internationaux.

L'étude des autres peuples, leur fréquentation, la comparaison plus familière de leurs mœurs et des nôtres, ont fini par répandre et généraliser cette opinion que les ressemblances l'emportent considérablement sur les différences et par émousser les vanités nationales.

Les hommes n'envisagent plus et ne peuvent plus envisager leur Patrie isolément, étroitement, en égoïstes bornés ; ils ne peuvent plus méconnaître le concours que les autres Patries prêtent à son existence et à la leur.

Aucune Patrie ne peut aujourd'hui, sans aberration, être considérée comme une société rigoureusement indépendante. Quelque particulière que soit sa vie propre, elle est subordonnée, sous les formes les plus diverses et les plus multiples, matérielles, mentales, morales et sociales, à l'ensemble des autres Patries ; elle est, à vrai dire, un des organes de cet ensemble, une fraction de cette grande association de Patries que forme maintenant l'Humanité.

L'idée d'Humanité s'est imposée partout, et, comme Auguste Comte en exprimait déjà la crainte (1), « la « Patrie finirait par se fondre vicieusement dans l'Hu- « manité, contrairement à sa propre destination, si le « Positivisme ne venait point régler enfin des aspirations « trop vagues à l'association universelle ».

Quoi qu'il en soit, en temps de paix du moins, l'amour de la Patrie est aujourd'hui, dans l'Occident, mitigé par l'amour de l'Humanité et par la conscience de la participation des diverses Patries à une existence commune, plus étendue que l'existence nationale, autrement dit à l'œuvre générale de la civilisation planétaire.

Les Patries Occidentales, en particulier, sont, de plus en plus, des organes de cette civilisation universelle ; elles doivent désormais être jugées, d'après l'action salutaire ou néfaste qu'elles exercent sur elle.

Cette conception nouvelle de la Patrie, imposée par la

(1) *Politique Positive*, vol. III, chapitre V, page 363.

fatalité du développement des sociétés sur notre globe, n'est nullement de nature à diminuer la somme des bienfaits qui résultent de son heureuse influence sur l'ensemble des conditions de la vie humaine, influence que nous allons maintenant analyser.

TROISIÈME PARTIE

Influence bienfaisante de la Patrie.

CHAPITRE Ier

Influence de la Patrie sur la destinée individuelle et sur le fondement matériel de l'ordre social.

D'abord, on ne saurait nier que nous vivons par l'intermédiaire de la Patrie et que, quoi que nous fassions, nous ne lui rendons jamais qu'une faible part des services, incessants et innombrables, que nous recevons d'elle, notre vie durant.

En effet, comme son nom l'indique, la Patrie nous engendre, en tant qu'organes de la société. Ainsi que je l'ai déjà signalé, en analysant les raisons pour lesquelles il n'y a pas de Patrie sans territoire, la Patrie nous fournit, journellement, les matériaux nutritifs, intellectuels, moraux, industriels et sociaux, dont tout notre être physique et cérébral a besoin et dont il se compose ; elle nous enseigne la langue que nous parlons et les connaissances que nous possédons ; nous lui devons notre sécurité, nos mœurs, nos caractères ethnographiques ; elle nous élève, et si, selon la formule d'Aristote, « l'homme est un animal politique », c'est par la Patrie, principalement, qu'il peut satisfaire sa sociabilité native.

La Patrie influe donc sur toute notre destinée.

Il faut être atteint d'ivresse et de démence individualistes pour contester un fait d'une pareille évidence et pour se considérer comme un produit indépendant, sans racine dans aucune nation.

On peut détester sa Patrie ; on peut la répudier ; on peut l'oublier ; on ne peut pas la supprimer. On n'existe pas plus sans Patrie qu'on n'existe sans mère ; car, hors du sol natal, on vit néanmoins par l'intermédiaire d'une Patrie.

La Patrie est une providence sociale, naturelle, véritablement assimilable à la providence maternelle.

Aussi Auguste Comte a-t-il proposé de la désigner sous le nom plus significatif de Matrie, celui de Fratrie, proposé par quelques auteurs, ne représentant que la solidarité avec les contemporains, à l'exclusion de la solidarité avec les prédécesseurs, ou continuité.

Cette dernière dénomination convient d'autant moins que la fraternité peut être le résultat d'un choix volontaire et se manifester aussi bien dans une association d'hommes, appartenant à des Patries différentes, que dans une association de compatriotes, tandis que la Patrie est une fatalité à laquelle nous ne pouvons nous soustraire, puisque, originellement, nous ne pouvons pas plus choisir notre pays natal et l'époque à laquelle nous surgissons sur lui que nous ne pouvons choisir les parents auxquels nous devons la naissance.

Suivant la juste remarque de Pascal, « chacun songe comment il s'acquittera de sa condition, mais pour le choix de la condition et de la Patrie, le sort nous le donne » (1).

Or, cette fatalité exerce une très heureuse influence sur le fondement matériel de l'ordre social, parce que, par elle, l'existence de la masse d'entre nous se trouve liée à un milieu cosmologique fixe et précis.

(1) *Pensées.*

Grâce à la vie sédentaire, systématisée par la Patrie, et à ses heureuses conséquences, le sol entier des diverses Patries est maintenant approprié, individuellement, ou collectivement.

Le domicile servant de complément à la personnalité, tous les hommes peuvent revendiquer la nu-propriété ou l'usufruit d'une partie de ce sol, et l'une des raisons, pour lesquelles les populations des frontières sont animées par un patriotisme plus ardent et plus inquiet, dérive sans doute de ce qu'elles ont un intérêt plus immédiat à la bonne organisation de la défense nationale et au maintien de l'intégrité du territoire dont les modifications peuvent être, pour elles, plus douloureuses que pour les populations centrales.

D'autre part, le sol est le premier et le plus important des capitaux. C'est le signe le plus objectif de la richesse.

Pendant toute la durée de l'antiquité et du Moyen-âge, la richesse fut surtout immobilière. La fortune mobilière ne s'est franchement développée qu'après la découverte de l'Amérique et l'exploitation des mines d'or du Pérou et de la Californie.

Mais le sol constitue et constituera toujours le réservoir initial de la richesse, puisque l'agriculture et l'industrie, les seules génératrices véritables de celle-ci, ne travaillent qu'à l'aide de ses produits ou de ses matériaux.

En réalité, il nous reste relativement peu de choses, même en Égypte, de toutes les splendeurs de l'antiquité, si péniblement œuvrées et accumulées. La plus grande partie des bijoux, des vêtements de prix, des demeures somptueuses, des palais, des temples, des monuments, s'est pulvérisée : elle a disparu sans laisser de vestiges.

Des grandes cités elles-mêmes, à plus forte raison des petites, on peut dire ce que le prophète disait de Ninive :
« Elles ne sont plus qu'un désert, une lande aride, où

« campent les troupeaux, et leurs ruines servent de
« repaire aux bêtes fauves ».

Mais le sol est toujours là, intact, indestructible, avec
sa variété de trésors, superficiels et profonds, que l'Humanité met, chaque jour, davantage en valeur.

Outre qu'elle gouverne la destinée individuelle, la
Patrie, dont le territoire est le premier élément constitutif, influe donc très heureusement sur l'ordre social :

Directement : en servant d'assise à la force matérielle,
en donnant à la propriété un substratum objectif, en
constituant une source et une représentation positive de
la richesse et de la puissance qu'elle procure ;

Indirectement : en disciplinant la vie humaine, avec
l'institution de la vie sédentaire ; en imposant à l'existence individuelle ou collective, la stabilité, l'unité, une
destination nette et une activité féconde, parceque convergente et limitée.

CHAPITRE II

Influence de la Patrie sur la nature morale, intellectuelle et pratique, de l'homme.

Mais, de plus, la Patrie influe, avec une grande efficacité, sur la nature propre de l'homme.

D'abord, elle règle la personnalité ; elle nous oblige et
nous accoutume à dominer nos instincts, à considérer
les intérêts d'autrui, à ménager l'opinion publique ; elle
nous impose la notion de l'intérêt général et le respect
des lois multiples et variées que cet intérêt a, d'âge en âge,
dictées ; elle nous civilise, en un mot. C'est par elle que
nous apprenons à vivre en société, et que nous nous
adaptons vraiment au milieu social.

La collectivité domestique est trop étroite, trop

livrée aux variations du sentiment, pour compléter notre éducation sous ce rapport.

Nous sommes mieux disciplinés par la Patrie que par la famille.

La vanité des parvenus, en particulier, ne peut pas se donner, dans la Patrie qui leur est propre, un cours aussi licencieux que dans une société étrangère, parce que la modestie de leur origine peut, à tout instant, leur être rappelée par des témoins et des compagnons de leurs débuts.

Mais, d'autre part, la Patrie stimule et entretient nos sentiments bienveillants.

Elle excite : l'attachement, en provoquant la sympathie et la fraternité entre les contemporains ; la vénération, en nous montrant ce que nous devons aux ancêtres ; la bonté, en éveillant le souci de la postérité, en poussant à travailler pour les successeurs et à compatir au sort des faibles et des malheureux.

En participant à la vie publique, on prend un intérêt plus direct, non seulement au présent, mais à l'avenir, et l'on rend une meilleure justice à ces légions d'aïeux qui, sans relâche, ont lutté pour améliorer la condition humaine dans le milieu social où nous sommes placés.

La Patrie cultive, de la sorte, tous les sentiments sociaux.

Les liens de la solidarité reçoivent, spécialement d'elle, une grande énergie. La résidence au même lieu, sous la tutelle d'un même gouvernement, crée nécessairement des contacts habituels, des services réciproques, et, en raison de la division des fonctions, une dépendance mutuelle, d'où résultent des préoccupations communes, et le souci d'un intérêt public ou collectif.

Quant aux liens de la continuité, ils ne pourraient que difficilement se développer et se fortifier, si nos souvenirs ne reposaient pas sur ce soutien extérieur. La tombe, le culte des ancêtres, la notion familière que les vivants sont toujours et de plus en plus gouvernés par les morts ne pourraient s'instituer et prévaloir sans la Patrie.

Grâce à l'influence que la Patrie exerce sur tous les aspects de notre nature sociale, la Providence humaine se trouve, au contraire, condensée en elle, avec une netteté lumineuse, et la Patrie contribue à rendre, incompatible avec la vie réelle, l'idée fictive d'une Providence surnaturelle.

De cette influence constante et prolongée sur nos sentiments les plus délicats, il résulte que « la Patrie nous donne mille plaisirs habituels que nous ne connaissons pas nous-mêmes avant de les avoir perdus » (1), et que son éloignement provoque une sorte de chagrin d'amour, de mélancolie, de maladie psychique, assez fréquemment observée pour qu'on ait pu la spécifier et la dénommer.

C'est sous l'inspiration de ces sentiments intimes, dont la Patrie remplit notre cœur, que Danton répondait à ceux qui lui conseillaient de fuir, jusqu'à ce que le pouvoir éphémère de ses ennemis triomphants fût épuisé : « Est-ce qu'on emporte la Patrie à la semelle de ses souliers ? »

D'ailleurs, la Patrie n'exerce pas seulement une influence salutaire sur la moralité ; elle contribue de même au perfectionnement de l'intelligence et, sous cet aspect encore, l'individu s'identifie avec elle.

L'union avec le sol, avec un milieu fixe, rectifie, ou prévient les dispositions spontanées de notre intelligence à l'incohérence, à la divagation, en l'accoutumant à la

(1) Mme DE STAEL : *Corinne.*

subordination normale du dedans au dehors, du subjectif à l'objectif (1).

Le subjectif doit, en effet, reposer sur l'accumulation,
dans le cerveau, de matériaux objectifs, nets, familiers,
parfaitement et longuement observés. Autrement, l'intelligence s'agite dans le vide, ou, constamment appliquée
à de nouveaux objets, elle manque de consistance et se
trouve accablée par un excès d'objectivité.

L'esprit positif a pour premier aliment l'observation
de ce qu'il y a de constant dans la variété des phénomènes.

Or, la fixité de résidence permet d'apprécier plus complètement et plus communément, l'immutabilité fondamentale de l'ordre extérieur, celle de l'ordre humain, et
la puissance accessoire de notre intervention (2). Le bon
sens et la philosophie pratique des paysans en sont la
preuve.

Avec le changement, on n'aperçoit d'abord, comme
les voyageurs vulgaires, que les différences et les incon-
vénients. Plus souvent, on voit sans regarder.

Les connaissances générales, astronomiques, phy-
siques, biologiques, sociologiques et morales, qui sont
le fruit de longues observations, spéciales et concrètes,
précises et répétées, faites et accumulées primitivement
en un même lieu, auraient manqué de netteté, elles
n'auraient pu convenablement surgir avec la mobilité et
l'instabilité ; pour les mêmes causes, elles seraient aujourd'hui difficilement acquises et comprises.

La rectitude d'esprit, la raison humaine, résultats
d'une accumulation lente et continuelle de faits observés
familièrement, supposent, à la fois, la stabilité de
l'homme et la permanence du monde extérieur.

On ne peut conserver aucun doute sur cette assertion,

(1) AUGUSTE COMTE : *Politique Positive,* vol. II, p. 286.
(2) *Auguste Comte* : loco citato.

quand on considère les sciences et lorsqu'on constate combien de fois il faut voir, revoir, et revoir encore les êtres et les phénomènes (astres, minéraux, plantes, animaux, malades, etc...), les étudier, les comparer, méditer sur eux, pour parvenir à déterminer leurs caractères propres et à les comparer judicieusement les uns avec les autres ; mais il en est de même des notions les plus banales, sur le monde, sur l'homme et sur la société, que nous devons au seul usage de nos sens, à l'expérience naturelle, et dont l'inconscience, propre à la première enfance, l'absence d'effort et d'habitude, seules, nous empêchent d'apprécier l'importance capitale et la formation laborieuse.

Par exemple, il est bien évident que la liaison de l'homme au sol le rend, à son insu, plus ami de l'ordre, plus pondéré, plus conservateur, moins suggestionnable par les sophismes révolutionnaires.

Bref, l'influence énorme que la Patrie exerce sur le développement mental est ordinairement méconnue, parce que les phénomènes les plus communs, les plus vulgaires, qui sont à la fois les plus généraux et les plus simples, sont aussi ceux qui stimulent le moins la curiosité.

Mais ces infirmités de notre esprit ne diminuent en rien cette influence qui s'exerce, d'autre part, avec autorité, sur notre caractère et notre vie pratique.

La Patrie améliore le caractère, en donnant à notre activité un but social, qui, beaucoup plus que l'intérêt privé, exige l'intervention habituelle du courage, de la persévérance et de la circonspection.

Elle augmente la résignation passive, la subordination, la sagesse, en nous faisant sentir que le concours n'est pas moins indispensable que l'indépendance ; elle nous dispose davantage à regarder une digne soumission à la nécessité, comme la meilleure garantie que nous puissions obtenir contre les volontés arbitraires, mais aussi à mieux utiliser notre puissance modificatrice (1).

Elle détermine l'essor soutenu de notre activité collective, soit sous la forme de la vie industrielle, soit sous la forme de la vie militaire.

En fait, c'est pour la Patrie que nous vivons. L'observation directe, dégagée de toute théorie imaginaire, le prouve.

Le but réel de la vie humaine n'est pas, comme l'enseigne la théologie catholique, de servir Dieu et de reconquérir le Paradis perdu. Ce but est de vivre pour les seules providences que nous connaissions effectivement: la Famille, la Patrie, l'Humanité. Toutefois, parmi ces providences réelles, la Patrie occupe une place prééminente, parce qu'elle est la destination constante de la majorité de nos actes, et que, dans le bilan général de notre vie, ceux qui la concernent représentent un total incomparablement supérieur.

En effet, comme les sociétés humaines se composent d'un nombre de prolétaires bien supérieur à celui des capitalistes, comme, heureusement, étant donné l'inertie naturelle, nous avons tous besoin de travailler pour vivre, et comme les capitalistes eux-mêmes ne peuvent faire fructifier leurs richesses, ni valoir leurs propriétés, qui ne sont que des fragments du domaine national, sans le concours d'autrui, enfin, comme les fonctions utiles aux autres sont, seules, encouragées et rémunérées, nous vivons nécessairement tous pour la société, pour la Patrie, dont nous sommes membres.

Tous les organes actifs de la société, civils ou militaires, théoriciens ou praticiens, simples particuliers ou fonctionnaires publics, travaillent et vivent également de la sorte.

(1) Auguste Comte : *Politique Positive,* vol. II, p. 287.

Il n'y a pas, dans l'économie sociale, de fonction privée ; celles de l'agriculteur, de l'industriel, du commerçant, du banquier, de l'artiste, du savant, du philosophe, du prêtre, aussi bien que celles des fonctionnaires et des politiques, intéressent toujours directement la société dans laquelle ils opèrent, bien plus que la Famille, qui se borne à les inspirer, et que l'Humanité qui ne peut en recueillir les résultats qu'indirectement et d'une manière lointaine.

Les exceptions à cette règle générale, présentées par ceux qui s'occupent de commerce d'exportation, ou de transactions financières internationales, et par les femmes, dont la fonction normale est surtout intérieure, ne sont qu'apparentes ; car les opérations des premiers ont toujours pour moyen et pour source la Patrie même dans laquelle ils organisent leurs spéculations, et la fonction féminine a réellement pour objet la société générale, quand elle s'applique à l'éducation des enfants qui sont élevés, non pour la Famille, mais pour la Société, ou à l'administration du foyer dans lequel l'homme vient se reposer de ses travaux extérieurs et recouvrer des forces pour les poursuivre.

Volontairement ou non, consciemment ou non, c'est surtout et toujours pour la Patrie que l'homme agit. Son activité ne peut prendre son plein essor dans le cercle étroit de la famille et la notion d'Humanité, qui embrasse, non seulement l'ensemble des contemporains, mais aussi l'ensemble des prédécesseurs et des successeurs, n'est, jusqu'ici, qu'une conception abstraite peu vulgarisée, qui repose uniquement sur la philosophie de l'histoire, sur des faits très généraux et sur un système d'idées, d'une coordination difficile.

Les liens qui nous rattachent à la Patrie sont, d'ailleurs, plus puissants et plus nombreux que tous autres.

Tandis que l'union nationale suppose le même territoire, le même gouvernement, les mêmes lois, les mêmes mœurs, la même histoire et le même idéal civique, l'union familiale, en dehors du couple fondamental, ne repose que sur les liens de la consanguinité, très limités en nombre, et l'union planétaire ne réclame, pour s'instituer, que la même philosophie, les mêmes aspirations sympathiques et les mêmes tendances pacifiques.

Ces derniers liens sont beaucoup trop vagues pour servir de rênes à notre conduite immédiate, de direction à notre activité quotidienne, et surtout pour fournir un moyen de vérification précise de nos penchants et de nos idées altruistes ; ceux qui nous rattachent à la Patrie sont bien plus sensibles, plus manifestes, plus impérieux ; ils ne permettent pas de se dérober au devoir social et de faire longtemps illusion.

Nous vivons donc pour la Patrie, et l'amour qu'elle nous inspire est une préparation indispensable à celui de l'Humanité ; sans le premier, le second reste chimérique et suspect.

C'est une condition que ne pourront jamais supprimer les systèmes futurs de rapports des Patries entre elles qu'on peut maintenant entrevoir, tels que les associations régionales de Patries ou leur fédération universelle.

La Patrie ne cessera jamais d'exister. Concevoir le contraire, est une aberration sociologique. De même qu'il s'est formé des compartiments, des climats et des milieux géographiques, il existe des compartiments et des milieux nationaux, plus modifiables évidemment que les premiers, mais dont les caractères propres, quelque atténués qu'on les suppose, ne pourront jamais s'effacer complètement.

La Patrie est et restera toujours, selon la formule de Comte (1), « le préambule nécessaire et le soutien con-

(1) *Politique Positive* : III, p. 362.

tinu de l'Humanité » ; elle est et restera toujours le principal domaine de la vie publique, l'école de tous les bons
citoyens, de tous les hommes politiques épris de réalisation, de tous les philosophes, moralistes, artistes, de
tous les théoriciens et de tous les praticiens, dignes de
ce nom.

Il ne peut y avoir de sentiment social, sincère et vigoureux, sans Patrie. C'est par l'intermédiaire de la Patrie
que nous connaissons et ressentons les émotions de la vie
publique, que nous concevons et poursuivons un idéal
social.

Le cosmopolite n'est pas un citoyen ; c'est un animal
errant ; il ne se reconnaît pas de devoir envers les pays
qu'il traverse ; il est étranger à tous les évènements
publics dont ils sont le théâtre ; il reste foncièrement
égoïste. Il ne connaît pas les éminents soucis que l'amour
de la Patrie inspire, ces obligations inéluctables qu'elle
impose, ces préoccupations désintéressées dont elle est
la source, ces joies ou ces tristesses collectives que
causent ses succès ou ses malheurs, ce noble état
d'âme enfin qui dispose tant à la moralité, à la sympathie, au sacrifice, et qui produit ces hommes comme
le vieil Horace,

Qui, du bonheur public, font leur félicité.

C'est pourquoi le patriotisme, quelle que soit sa forme,
ne cessera jamais de constituer la mesure la plus
usuelle, le critérium le plus délicat du sentiment social.
Le civisme est un patriomètre. Son objet est net et la vérification de sa sincérité s'opère au moyen d'actes, visibles
et notoires, que chacun peut facilement constater.

Aussi, jusqu'ici, est-ce l'idée de Patrie qui joue,
dans les nations, le rôle politique le plus actif, qui règle
et rallie le mieux les multitudes, qui organise le concours collectif de la manière la plus efficace. Nulle idée

ne réalise pareillement l'unité des cœurs, des intelligences et des activités.

La Patrie est la forme la plus spontanée et la plus précise de la religion positive. Maintes fois, déjà, elle s'est clairement manifestée comme telle dans l'histoire ; ses héros, ses martyrs se comptent par milliers, à toutes les époques et dans toutes les classes.

En effet, dès qu'une cause extérieure d'excitation survient, les sentiments patriotiques, qui veillent toujours silencieusement en nous, à notre insu même, font soudainement explosion avec une irrésistible intensité ; ils créent les grands courants d'opinion qui coordonnent instantanément tous les membres d'une même Patrie et les transforment en une masse compacte.

La preuve éclatante que l'union nationale se constitue avec le plus de solidité sous la menace des dangers extérieurs, est fournie par l'exaltation patriotique des Grecs sous les Perses, des Juifs sous les Macchabées, des Romains pendant toute la période de conquête de l'Italie, de la Sicile et de l'Afrique, des Gaulois contemporains de Vercingétorix, de la France, aux temps de Charles-Martel, de Philippe-Auguste, de Charles VII, de la Révolution Française et de l'Allemagne en 1813.

Dans toutes ces conjonctures, le patriotisme a cimenté la solidarité et, suivant l'expression de Jules Ferry, il est devenu « une religion sans athées ».

Pour cet ensemble de raisons, l'institution de la Patrie, d'ailleurs inévitable, éternelle et universelle, doit être systématisée par les sociologues, les philosophes, les moralistes et les hommes d'État, de manière à rendre plus efficaces encore les nombreux bienfaits politiques et éducatifs qu'elle produit naturellement.

QUATRIÈME PARTIE

Systématisation des conditions d'existence et des bienfaits de la Patrie.

CHAPITRE Ier

Systématisation du territoire.

Les conditions d'existence, l'évolution générale des Patries, leur heureuse influence matérielle, morale, intellectuelle et politique, étant connues, il est possible de systématiser leurs bienfaits d'une manière rationnelle ; car la systématisation positive consiste simplement à consolider et développer ce que la spontanéité crée et ce que l'observation révèle.

Conformément à cette règle, la systématisation de la Patrie doit avoir pour premier objet la systématisation du territoire.

Or, s'il est vrai, suivant la loi formulée par Auguste Comte, que « *la notion de patrie acquiert plus d'extension à mesure que le développement humain habitue chacun à des relations plus vastes* », il est manifeste aussi que cette extension ne peut pas, sans danger, dépasser certaines limites, comme l'atteste le cas de l'Empire Romain.

La remarque de Voltaire n'est pas non plus sans fondement : « Plus la Patrie devient grande, moins on l'aime, car l'amour partagé s'affaiblit. Il est impossible d'aimer tendrement une famille trop nombreuse, qu'on connait à peine » (1).

Les liens civiques ne conservent de vigueur que lorsqu'ils sont assez restreints pour permettre de sentir la coopération collective, d'où l'activité sociale résulte, et lorsqu'ils rattachent les uns aux autres des éléments suffisamment homogènes.

Les territoires et les populations des Patries devraient donc être constitués de telle sorte que cette notion familière de la solidarité et ce sentiment de la similitude ne restassent pas vagues et contestables.

C'est pourquoi Comte lui-même, envisageant avec un esprit relatif la loi d'évolution qu'il a formulée, pensait que le type moyen de la Patrie normale correspond à un territoire semblable à celui de la Hollande, et que, pour se mettre à l'abri des dangers multiples d'une extension démesurée, il fallait concevoir, comme idéal, des Patries formées par des groupements volontaires autour d'une grande ville prépondérante, consacrée par le passé.

Nos anciennes provinces Françaises, par exemple, lui semblaient propres à constituer autant d'unités patriotiques, avec Lyon, Toulouse, Bordeaux, Rennes, Rouen, Reims..... pour capitales, et Paris pour centre fédératif commun.

A première vue, cette conception d'Auguste Comte paraît en désaccord avec l'évolution historique de l'Occident où, pendant les derniers siècles, le nombre des Patries a plutôt diminué que crû, et dans lequel les Patries se sont étendues au lieu de se contracter.

Mais, d'autre part, la même conception, que Proudhon a défendue avec éloquence (2) et dont, récemment encore,

(1) *Dictionnaire Philosophique* ; article *Patrie.*
(2) *Du principe fédératif.*

Alfred Naquet signalait le haut intérêt (1), tro--ve une base objective dans les aspirations incoercibles, à l'autonomie, des petites nationalités, violemment et artificiellement agrégées par les grands États politiques que j'ai distingués des Patries proprement dites, dans un précédent chapitre. Jusqu'ici, ces petites nations sont demeurées réfractaires à toutes les tentatives d'assimilation de leurs conquérants ; malgré les violences morales dont elles sont victimes, elles restent imprégnées par un patriotisme spécial, indéfectible.

La systématisation du territoire des Patries, indiquée par Auguste Comte, peut donc être considérée comme une théorie sociologique légitime ; mais l'application pratique de cette théorie serait aujourd'hui prématurée et pleine de périls pour l'évolution progressive elle-même.

Une régénération profonde des idées et des mœurs doit précéder la décomposition des grands États. Dans l'état actuel de la mentalité et de la moralité Européennes, si voisines encore de l'état barbare, cette décomposition et la formation de nationalités nouvelles seraient probablement plus nuisibles qu'utiles à la civilisation générale. Du moins les derniers évènements Balkaniques autorisent à le penser.

Il faut seulement regarder les vues d'Auguste Comte comme un idéal parfaitement réalisable, que les facilités de communication et l'homogénéité qui en est résultée, permettent même de concevoir sous une forme plus vaste, et s'attacher, de préférence, à faire adopter l'idée : que le mouvement d'extension des Patries Européennes est aujourd'hui terminé ; qu'elles forment déjà une véritable République, où les ressemblances l'empor-

---

(1) In *La Revue*, 1904, 1ᵉʳ février ; p. 297.

V. aussi : P. Foncin : *Les pays de France ; projet de fédéralisme administratif*. Armand Colin, édit., 1898, et le bulletin mensuel de la Fédération régionaliste française.

tent sur les différences ; et que, tôt ou tard, elles consti-
tueront les États-Unis d'Europe, à l'avènement desquels
tous les bons esprits aspirent et travaillent de plus en
plus activement.

Dans tous les cas, le *statu quo* s'impose, dès maintenant, et les petites nationalités, parvenues à l'état pacifique et industriel, doivent être conservées avec le plus
grand respect.

La guerre offensive n'est plus nécessaire au développement de l'évolution sociale ; elle ne peut, au contraire, que lui être funeste.

Son rôle civilisateur est terminé. Les Patries conqué-
rantes qu'on laisserait se développer, appelées à se
désagréger ultérieurement, comme leurs devancières, ne
pourraient que retarder la solution du grand problème
de l'unité mentale et morale du genre humain.

L'état actuel des Patries, ainsi que je l'ai déjà fait
remarquer, doit, en effet, être considéré comme transitoire ; car la philosophie de l'histoire enseigne que la
civilisation future sera nécessairement caractérisée par
un esprit scientifique, une activité industrielle, des
mœurs pacifiques, et que c'est l'Humanité, sous la forme
d'une société de patries, qui tend à former l'unité sociale
à laquelle les hommes se rattacheront.

Or, une pareille unité ne peut pas être politique ; elle
ne peut être que spirituelle.

Les hommes clairvoyants doivent donc, avec une persévérance opiniâtre, pousser à la paix extérieure entre
les peuples, à la subordination de chaque patrie à
l'Humanité, et, par suite, à la stabilité des patries exis-
tantes, ce qui implique, dans chacune d'elles, la subordination des militaires et leur affectation exclusive au
maintien de l'ordre matériel.

Au surplus, le mouvement général qui pousse tant de
petites nationalités, privées de leur indépendance, vers

l'autonomie, atteste que les peuples prennent de plus en plus conscience de leur existence nationale et qu'on ne peut plus impunément disposer d'eux et de leur territoire, d'une manière arbitraire.

CHAPITRE II

Systématisation du civisme et du sentiment national.

Le rôle supérieur des gouvernements, second élément fondamental de la Patrie, consiste désormais à seconder le mouvement d'ensemble des Patries vers l'unification ; ils doivent s'associer à ce mouvement, non seulement par les actes courants de leur politique, mais encore par l'institution d'un système d'éducation appropriée.

Évidemment, il ne peut exister qu'un seul système scientifique d'éducation, capable d'adapter convenablement l'homme aux conditions d'existence que la cosmologie, la biologie et la sociologie, lui imposent. Ce système unique sera, quelque jour, comme la science elle-même, mis en vigueur par tous les peuples.

Mais une telle nécessité ne fait pas obstacle à une éducation nationale, destinée à mettre en lumière, pour le mieux développer, le mode spécial de participation de chaque Patrie à l'œuvre commune de la civilisation générale qui domine toutes les histoires locales.

Une pareille éducation, malgré ses caractères distinctifs, peut apprendre à chérir et honorer une Patrie, sans haïr les autres ; car elle exclut les excitations venimeuses, la glorification des exploits criminels, celle des abus de la force militaire, et doit assimiler toutes les Patries à des organes de l'Humanité.

Elle est, en tout cas, éminemment propre à rehausser le sentiment patriotique, à stimuler son ardeur et à fortifier ses bienfaits.

Plus particulièrement, cette éducation doit, en effet, restaurer le culte du passé, qui, comme l'étude de la constitution des Patries l'a montré, est le lien le plus essentiel de l'union nationale. Cette restauration s'impose d'autant plus que la tiédeur des sentiments, que la Patrie inspire actuellement à quelques-uns, a surtout pour cause la méconnaissance du passé et de ses immenses services.

Pour mettre le patriotisme en culture, il faut, d'abord, renouer la chaine des temps, brisée par le mouvement révolutionnaire, rétablir la continuité en systématisant l'étude de l'histoire générale de la nation, et, comme corollaire, le culte de tous les grands serviteurs de cette nation, de tous les grands hommes qui l'ont construite, perfectionnée et utilement illustrée.

Il faut même conserver pieusement, et surtout affecter à l'enseignement public, les monuments, les ruines, les lieux historiques, bref tout ce qui peut rendre plus efficaces les leçons de l'histoire et contribuer à nous faire mieux comprendre la vie, les luttes et les services impérissables de nos aïeux.

Car l'éducation nationale n'est pas simplement une œuvre scolaire ; c'est l'éducation populaire, par excellence, et, suivant la juste remarque faite par M. Lucien Legrand, conseiller d'État, ministre plénipotentiaire, dans le beau livre inspiré par l'esprit positif, quoique entaché de théologie dans quelques pages finales, qu'il a consacré à l'étude approfondie de l'*Idée de Patrie*, « c'est le rôle de l'État de faire passer dans tout le corps social la sensation profonde que la Patrie est une mère tendre et bien informée, qui garde fidèlement la mémoire de tout ce qu'on a fait pour elle et qui s'enorgueillit, autant qu'elle s'enrichit, de toutes les nobles œuvres de ses fils. Dans cet ordre d'idées, les théâtres, les musées, les académies, les monuments présentent des moyens précieux de louer les services rendus et d'en immortaliser le souvenir » (1).

Puisque les nécessités de la défense nationale exigent encore que tous les jeunes gens apprennent le métier des armes, puisque nous vivons sous le régime de la nation armée, on doit même utiliser cette fatalité transitoire pour le développement de l'éducation civique, s'efforcer de faire de la caserne une école de moralité publique, et préparer, de mieux en mieux, les officiers, sans les détourner de leur fonction propre, à la formation générale d'une jeunesse virile.

D'autre part, comme il n'y a pas de Patrie sans civisme et sans dévouement aux institutions, comme on aime d'autant mieux sa Patrie qu'on est heureux de vivre sous ses lois, comme le plus sûr moyen d'intéresser les hommes à la vie nationale est de les associer aux principales manifestations de celle-ci, ainsi que le démontre l'histoire de la Hollande, de l'Angleterre, de la France, de la Suisse et des États-Unis, la sagesse, autant que l'intérêt, commande aux gouvernements, sans distinction de forme, de laisser le régime des libertés publiques se développer normalement.

Ils doivent seulement garantir, contre toute atteinte grave, la prépondérance des capitales et veiller au maintien de la centralisation politique, nœud de l'unité et de l'indivisibilité des nations. La décentralisation doit être circonscrite à la vie intellectuelle et administrative.

En résumé, tout en conservant le caractère relatif, sans lequel elle conduit à des idées fausses et à des sentiments étroits, l'éducation nationale régénérée devrait rendre l'idée purifiée de la Patrie aussi constamment présente à l'esprit de tous les citoyens qu'elle doit, théoriquement, être présente à l'esprit des militaires.

(1) LUCIEN LEGRAND : *L'Idée de Patrie ;* p. 277.

En effet, dans une éducation nationale philosophique-
ment conçue, comme le remarque encore l'auteur dont
j'invoquais tout-à-l'heure le témoignage, « la pensée de
la Patrie doit dominer et inspirer l'existence du citoyen.
Il faut, non pas, qu'elle confisque à son profit toutes les
activités, mais qu'elle ait sa part dans tous les efforts
individuels ou collectifs. Il faut que les décisions des
politiques, les paroles des orateurs, les sentences des
juges, les méditations des penseurs, les élévations des
poètes, les prières des croyants, les recherches des savants,
les explorations des voyageurs, les calculs des marchands,
les labeurs des ouvriers, et les bégaiements mêmes de
l'enfance studieuse, il faut que toute la vie nationale, en
un mot, éclairée, soutenue, rectifiée par l'amour du pays,
concoure ainsi à un vaste et perpétuel enseignement
patriotique où se retrempent tous ceux qui luttent et où
se façonnent les nouvelles générations » (1).

C'est par de telles méthodes, du moins, que l'Allemagne,
avant et depuis 1813, a cultivé l'idée de l'unité germanique, qu'elle est si légitimement fière d'avoir enfin réalisée, et qui sert encore d'idéal éminent et de cohésion à
tout ce grand peuple.

Mais pour qu'un pareil concours, pour qu'un tel dévouement de tous à la société, s'institue, se développe et se
perpétue partout, il faut plus qu'un sentiment, même
aussi généreux que l'amour de la Patrie ; il faut une foi
commune, des convictions publiques, dérivées d'une
philosophie générale, et la persuasion inébranlable qu'il
n'y a pas d'autre providence que la providence humaine,
et que la vie humaine ne peut avoir d'autre destination
qu'une destination terrestre, d'autre objectif que la
Famille, la Patrie, l'Humanité.

Les préoccupations surnaturelles altèrent nécessaire-

<hr>

(1) *L'Idée de Patrie ;* p. 280.

ment la notion des devoirs terrestres ; le patriotisme ne peut atteindre, avec elles, son plein développement.

Actuellement, le plus grand obstacle à la communion des cœurs, à la fraternité des compatriotes et à la consolidation de l'union nationale réside dans l'anarchie qui trouble toutes les sociétés Occidentales : anarchie mentale, anarchie morale, anarchie sociale, provoquées et entretenues par le conflit chronique existant, non seulement dans la collectivité, mais dans chaque tête humaine, entre les traditions surannées du passé et les éléments générateurs de l'avenir.

Toutes les nations Occidentales traversent, à cet égard, une crise, bien plus philosophique que politique, dont l'origine remonte à la fin du Moyen-âge, et qui ne se terminera qu'avec la substitution, aux croyances et aux mœurs théologiques, d'une nouvelle foi dirigeante, basée sur la démonstration scientifique et issue d'elle ; car, seule, une pareille foi peut régler et rallier, dans le présent et dans l'avenir, les hommes d'une même Patrie et les Patries entre elles.

Il est bien évident, par exemple, que le grand problème du présent, l'incorporation du prolétariat à la société moderne, qui ne sera définitivement résolu, selon la prophétie d'Auguste Comte, que le jour où les bienfaits matériels de la sédentarité et de la Patrie seront généralisés au point que chaque famille prolétarienne aura la possession de son domicile assurée, n'est pas un problème législatif ; il suppose l'introduction du civisme dans l'industrialisme et même la subordination de l'industrie à la morale.

Avec les mœurs instables que le régime actuel de la grande industrie leur impose, la plupart des prolétaires ne peuvent avoir qu'une existence précaire et un patriotisme indifférent.

De même, les autres bienfaits, moraux, intellectuels et

politiques, de l'institution de la Patrie, passés en revue dans les pages précédentes, ne peuvent être efficacement systématisés que par la constitution d'une opinion commune, scientifique.

Par conséquent, la systématisation des bienfaits de la Patrie et l'institution d'une éducation patriotique, conforme aux aspirations contemporaines, se trouvent liées à la question préjudicielle de la restauration générale de la philosophie, de la politique et de la morale, et à celle de la régénération des idées et des mœurs. Or, ces questions capitales ne peuvent être résolues que par la diffusion et le triomphe de la doctrine positiviste.

Cette dépendance est particulièrement évidente en France, sur le cas de laquelle il sied de présenter, en terminant, au point de vue de cette étude, quelques considérations théoriques et pratiques.

CINQUIÈME PARTIE

Considérations spéciales à la Patrie française.

———

Toutes les phases de l'évolution générale du patriotisme, précédemment analysées, se retrouvent dans le développement spécial de la France, dont la longue histoire est le cas le plus typique de l'évolution Occidentale.

D'abord occupée par des tribus guerrières, constamment en lutte les unes avec les autres, cette nation, grâce à la conquête de Jules César, a goûté les bienfaits de la paix Romaine, participé à la civilisation de l'antiquité et reçu directement l'impulsion de tout le mouvement antérieur.

Mais aussi, par le fait de sa situation géographique, elle a subi plus généralement toutes les invasions Barbares qui ont provoqué ou suivi la décomposition de l'empire Romain, celles des Francs, des Germains, des Huns, des Arabes, des Normands, qu'elle a, d'ailleurs, successivement, plus ou moins absorbés, pour les fondre en un peuple unique. Mieux qu'aucun autre, le cas Français démontre qu'une nation n'est pas une espèce ethnographique et qu'elle constitue une combinaison de peuples, ou, comme disait Pierre Laffitte, une race sociologique.

« Le Français n'est ni un Gaulois, ni un Franc, ni un Burgonde ; il est ce qui est sorti de la grande chaudière où, sous la présidence du roi de France, ont fermenté ensemble les éléments les plus divers » (1).

La main formidable de Charlemagne a, pour la pre-

———

(1) RENAN : *Discours et Conférences*. Qu'est-ce qu'une nation ? p. 206.

mière fois, agrégé ces éléments, en corps de nation.

Sous l'influence de ce merveilleux génie politique et militaire, le sentiment patriotique, qui devait, plus tard, animer d'un même souffle tous les habitants de ce pays, a pris naissance et trouvé sa première formule esthétique dans la grande épopée Carolingienne qui a pour titre la *Chanson de Roland*.

Malgré la pulvérisation féodale, ce sentiment s'est retrouvé, chevaleresque et passionné, dans le cœur des Croisés, et, au xvᵉ siècle, enfin, exalté par Jeanne d'Arc, il a pris la forme d'un véritable sentiment populaire, qui, dans la suite, en dépit d'éclipses momentanées, n'a cessé de se consolider et de s'épanouir.

La concentration graduelle du pouvoir royal, que Louis-le-Gros, Philippe-Auguste, saint Louis et Philippe-le-Bel ont inaugurée et que Charles VII, Louis XI, Henri IV, Richelieu, Louis XIV réalisèrent, a, d'abord, contribué à ce résultat.

« Le roi de France qui est, selon l'expression de Renan, le type idéal d'un cristallisateur séculaire, a fait la plus parfaite unité nationale qu'il y ait » (1).

Toutefois, à partir de la seconde moitié du règne de Louis XIV, la monarchie absolue, parvenue à l'apogée de sa destination, a méconnu ses devoirs sociaux; abusant de son pouvoir, dans son intérêt personnel exclusif, elle a débilité le patriotisme Français. Mais la Révolution, en supprimant toute distinction entre les provinces et les classes, en organisant la plus intense centralisation politique qui se fût jamais vue, en défendant la République, une et indivisible, avec une indomptable énergie, en excitant le civisme jusqu'au fanatisme, a donné à notre sentiment national un essor prodigieux et un incomparable éclat.

____

(1) *Discours et Conférences.* Qu'est-ce qu'une nation ? p. 285.

Au cours d'une évolution, vingt fois séculaire, la France a, de la sorte, progressivement abouti à la construction d'une grande communauté nationale, d'un grand organisme, d'un grand être collectif, dont tous les éléments constituants sont indissolublement liés et associés.

Dans l'admirable et longue histoire de ce pays, le patriotisme peut puiser à toutes les sources.

Mais le patriotisme moderne, consistant essentiellement, ainsi que je l'ai indiqué, à aimer et servir sa Patrie comme un organe de l'Humanité, on doit être, en France, plus patriote, sous cette forme nouvelle, que partout ailleurs, parce que peu de Patries contemporaines ont fait et font encore autant pour l'œuvre de la civilisation générale et pour la réalisation de l'unité du genre humain.

La réduction du patriotisme à sa notion militaire est moins excusable, en France, que dans les autres nations européennes ; car ce pays s'est bien autrement illustré par ses philosophes et ses penseurs que par ses hommes de guerre. Tandis que nous avons eu la honte de produire et de supporter Bonaparte, qui a fait dévier la Révolution de son cours normal en transformant ses admirables guerres purement défensives en vastes opérations de brigandage, qui a ranimé, pour un temps indéterminé, l'activité belliqueuse de l'Europe, et qui, finalement, ne peut être considéré que comme un aventurier mégalomane, rétrograde et sanguinaire, nous avons fondé :

La philosophie moderne avec Descartes;

La chimie avec Lavoisier ;

La philosophie zoologique avec Lamarck et Étienne Geoffroy Saint-Hilaire ;

L'anatomie générale avec Bichat ;

La pathologie positive avec Broussais ;

La science sociale avec Bossuet, Montesquieu, Turgot,

Condorcet, Auguste Comte, de sorte que, à l'exception d'Aristote, tous les fondateurs de la sociologie sont Français ;

La philosophie, la politique et la morale positives avec Auguste Comte.

Actuellement même, peu de peuples peuvent nous opposer des gloires supérieures ou égales en désintéressement personnel à celles de Berthelot qui a systématisé la synthèse chimique, de Pasteur qui a créé la microbiologie et les virus vaccins, de Charcot qui a fait accomplir de si grands progrès à la neuropathologie et fourni l'explication scientifique des miracles.

En outre, politiquement, nous avons institué :

Le gouvernement de la République, qui, malgré ses imperfections, a fini par s'imposer au respect des monarchies les plus absolues et les supplantera ;

Et le système métrique, dont l'adoption, déjà très étendue, se généralise de jour en jour.

De plus, la France est jusqu'ici la seule Patrie, nettement engagée dans la direction finale, la seule où l'on gouverne sans Dieu ni roi, par des motifs et des moyens purement humains, et dans laquelle tous les services publics soient sécularisés ; elle est le principal foyer de l'esprit positif, et, comme la Grèce antique, elle préside à l'élaboration d'un mode de culture humaine que le reste du monde adoptera nécessairement, parce que sa nature scientifique lui donne le privilège exclusif de l'universalité.

Cet ensemble de conditions, spéciales à la France, montre clairement aux Français les obligations qu'ils doivent remplir comme patriotes conscients.

En premier lieu, la Patrie et la République doivent être confondues par eux dans le même amour.

Le premier devoir du patriotisme est de ne pas s'opposer aux destinées de sa nation, de coopérer, au contraire, à son évolution et de s'imprégner de son génie propre.

On est donc insuffisamment patriote, en France, si l'on n'est pas simultanément républicain et définitivement émancipé de la théologie, parce qu'on répudie ainsi l'héritage le plus glorieux et le plus fécond de notre évolution historique que nous avons pour devoir spécial de faire fructifier encore dans l'intérêt général de la civilisation Occidentale et de l'Humanité.

Mais la République, l'émancipation théologique ne sont que des moyens préparatoires ; ils ne constituent pas un but.

Le but, — la philosophie de l'histoire générale le montre — c'est la fondation d'une nouvelle philosophie, d'une nouvelle morale, d'un nouveau civisme, d'une religion positive, en un mot, qui règle et rallie les hommes de tous les temps et de tous les lieux.

Or, la France est la patrie du Positivisme qui conduit à ce but et qui se trouve, chez elle, mieux que dans aucune autre société, en harmonie avec l'esprit public, dont il synthétise incontestablement toutes les aspirations supérieures, philosophiques, politiques et morales.

De même qu'on ne peut pas, théoriquement, être patriote, en France, dans le sens intégral du mot, sans être républicain et émancipé, on ne l'est pas non plus, si l'on n'est pas positiviste, parce que, sans cette condition encore, on ne peut s'associer aux plus hautes destinées de cette Patrie.

Le devoir des patriotes français éclairés est donc de contribuer, par tous leurs efforts, à la constitution de l'unité mentale et morale de leurs concitoyens, avant-courière de l'unité mentale et morale du genre humain, en collaborant à la propagation et au triomphe du Positivisme.

Tel est le rôle spécial manifestement dévolu à la Patrie Française et au patriotisme Français.

Suivant les prophétiques paroles de Joseph de Maistre :

« Il y a des nations privilégiées qui ont une mission dans ce monde » (1).

« La vérité a besoin de la France » (2).

Cette assertion est toujours exacte, et, bien que, par suite de la diminution de notre natalité, nous ne soyons plus, au point de vue militaire, maritime, économique et même financier, au premier rang des grandes puissances, nous restons pourtant les éclaireurs de la marche des peuples.

Nous devons d'autant moins hésiter à remplir cette mission que, tout en nous inspirant le patriotisme local le plus noble qu'on puisse ambitionner, elle est seule propre à désarmer les suspicions légitimes que la politique extérieure du premier Empire a provoquées contre nous, à garantir la paix intérieure et à contribuer à la paix extérieure, en nous mettant en sympathie avec les autres patries qui composent la République occidentale, et avec l'Humanité tout entière, dont l'amour, préparé par l'amour de la famille et de la Patrie, constituera, finalement, la forme la plus grandiose que le sentiment social puisse jamais revêtir.

Toutefois, les devoirs spéciaux que l'évolution attribue à la France, la placent aussi dans une situation toute particulière ; elle pourrait être victime des sentiments humanitaires qui la distinguent.

C'est pourquoi, tout en se proclamant résolument pacifique, elle ne peut ni ne doit, aussi longtemps que les monarchies subsisteront en Europe, prendre l'initiative

(1) J. DE MAISTRE. *Le Pape* : 1. Page XVIII.
(2) *Ibidem*. Page XXX.

du désarmement qui ne peut, au surplus, être efficace, sans une commune élévation des peuples et de leurs gouvernements au niveau de la civilisation supérieure.

En prenant cette initiative isolément, la France inspirerait peut-être à ces monarchies, dans lesquelles les principes théologiques et militaires florissent encore, le désir d'éteindre, dans le sang, le flambeau de l'émancipation philosophique et politique dont elle est la vestale, comme elles ont tenté de le faire au début de la Révolution.

Le sort récent de la Bosnie-Herzégovine et les deux dernières guerres Balkaniques attestent qu'il existe encore un trop grand nombre de nations de proie disposées à s'emparer, même en Europe, du bien des autres, avec une absence de scrupules, une déloyauté, un cynisme, qu'on avait l'illusion de croire relégués chez les peuples restés barbares. Nul ne doit commettre l'imprudence d'exciter leurs convoitises.

Malheureusement, dans l'état actuel de la moralité internationale, la France qui, d'ailleurs, n'est pas, elle-même, exempte de péchés, doit plutôt s'inspirer de ces fortes et sages paroles du président Roosevelt :

« Si les grandes nations civilisées désarmaient complètement, il en résulterait un retour offensif de la barbarie, sous une forme ou sous une autre.

. . . .

« Un grand peuple libre se doit à lui-même, il doit à toute l'humanité, de ne pas tomber à l'état de faiblesse, vis-à-vis des puissances du mal ». (1).

(1) Message de 1901.

TABLE DES MATIÈRES

QUATRIÈME PARTIE

CINQUIÈME PARTIE

CHATEAUDUN

IMPRIMERIE DE LA SOCIÉTÉ TYPOGRAPHIQUE

3, rue de Blois

Extrait du Catalogue des ᴘ...

AUGUSTE COMTE. Politique positive. 4 vol. in-8, 30 fr. — Philosoᴘ
positive. 6 vol. in-8, 30 fr. — Catéchisme positiviste. in-12, 3 fr. —
Essai sur la Philosophie des mathématiques. Broch. in-8, 1 fr. — Discours sur l'esprit positif. in-12, 2 fr. — Opuscules de philosophie
sociale (1819-1828). in-12, 3 fr. 50. — Calendrier positiviste, 0 fr. 30.
— Lettres à Valat. in-8, 6 fr. — Lettres à Stuart Mill. in-8, 10 fr. —
Correspondance inédite. Quatre volumes in-8 Chacun 7 fr. 50.

PIERRE LAFFITTE. Cours de Philosophie première. 2 vol. in-8, 13 fr. 50. —
Le Catholicisme. 1 vol. in-8, 7 fr. 50. — Le Positivisme et l'Économie
politique. 1 vol. in-32, 0 fr. 50. — La Révolution Française. 1 fr. —
Cours d'Histoire générale des sciences. — Programme, 0 fr. 30. —
Discours d'ouverture 0 fr. 50. — Le Faust de Goethe. 1 fr. 50

ÉMILE ANTOINE. La Vie et l'Œuvre de P. Laffitte, 1 fr. — La Fête universelle des Morts, 0 fr. 75. — La Fête de Condorcet, 0 fr. 50. — La Fête de
Jeanne d'Arc, 0 fr. 50.

A. ARAGON. Histoire du Positivisme au Mexique, 0 fr. 60.

ÉMILE CORRA. Appréciation générale du Positivisme, 0 fr. 60. — Le Troisième République, 0 fr. 75 — Le Sentiment Filial, 0 fr. 30. — La Fraternité, 0 fr. 30 — La Domesticité ; — Le Rôle social des Morts, 0 fr. 75.
— Le Culte de l'Humanité et les pèlerinages historiques, 0 fr. 25. —
La Philosophie positive, 0 fr. 60. — Les Devoirs naturels de l'homme,
0 fr. 60. — La Morale sociale, 0 fr. 60. — La Morale Primitive, 0 fr. 50.

V.-E. PÉPIN. Terre et Peuples 3 fr. 50. — Réforme de la Magistrature
civile et judiciaire, 3 fr.

CONSTANT HILLEMAND. ═ ART. IN REV. OCCID. (jusqu'en 1906) et in REV.
POS. INTERN (à partir de 1906) : *Condorcet, précurseur de Comte* (juillet 1890) ; *A. Comte médecin* (mai et juillet 1891, janvier et juillet 1892) ;
Hérédité et Éducation (juillet 1895) ; *Un Programme politique positiviste* (Discours au banquet Waldeck-Rousseau du 9 juillet 1896) avec
une *Introduction sur A. Comte et l'Évolution moderne en Philosophie,
en Science, en Art, en Politique* (sept. 1896) ; *La question de la
Dépopulation* (janvier 1901) ; *De la Différenciation organique et de
la Civilisation dans leurs Rapports avec l'Étiologie médicale* (juillet
1903) ; *L'Œuvre historique de Condorcet ou Introduction à l'étude du
Tableau historique des Progrès de l'Esprit humain* (janvier, février,
mai, octobre 1905 ; août et novembre 1907 ; août et octobre 1908) ;
A propos d'un « Essai de Synthèse objective » de R. Petrucci, *dans
ses rapports avec la Synthèse subjective de Comte* (juillet 1908 ; *Contre
l'Étatisme* (août 1910) ; *Le Positivisme et la Science* (oct. 1911) ; *Le
Mouvement féministe* (août 1912) ; *De la prétendue Folie partielle chronique d'A. Comte* (octobre, novembre 1910 ; janvier, avril, juillet, novembre 1911 ; janvier, avril, octobre 1912 ; février 1913) ; ═ PUBLICATIONS
SPÉCIAL. *Introduction à l'Étude de la Spécificité cellulaire chez
l'homme.* Paris, 1889 (Steinheil). 90 p., in-8, 1 fr. 50 ; *Introduction à
l'Étude des Tumeurs (Considérations générales sur leur Histogénie et
sur leur Pathogénie).* 32 p. in-12, août 1897 ; *L'Attraction des Semblables : son Rôle dans la formation des Variétés, des Races, des
Espèces ; son Explication* (in LA CLOCHE des 24, 25, 26 juillet 1898) ;
Organothérapie ou Opothérapie, 53 p., in-12. Steinheil, 1899. 0,75 ;
Manuel Moynac de Pathologie générale et de Diagnostic, 6ᵉ édit.,
revue et considérablement augmentée (de 524 p.), 2 vol. in-12, l'un de
750 p., l'autre de 828 p. (Steinheil), 1903-1904, 12 fr. ; — En collabo-
ration avec R. PETRUCCI, la 5ᵉ édition du *Manuel Moynac de Patholog.
générale et de Diagnostic,* revue et considérablement augmentée (de
267 p.) notamment d'une *Théorie de l'Hérédité,* d'une *Théorie de
l'Immunité,* de 2 chapitres de *Pathogénie et de Physiologie patholo-
gique générales,* parus in REV. OCCID. de mai, juillet, septembre 1897.
Paris, 1898, 1 vol. de 1054 p. (épuisé).

www.ingramcontent.com/pod-product-compliance
Lightning Source LLC
LaVergne TN
LVHW020212030726
842520LV00003B/1031

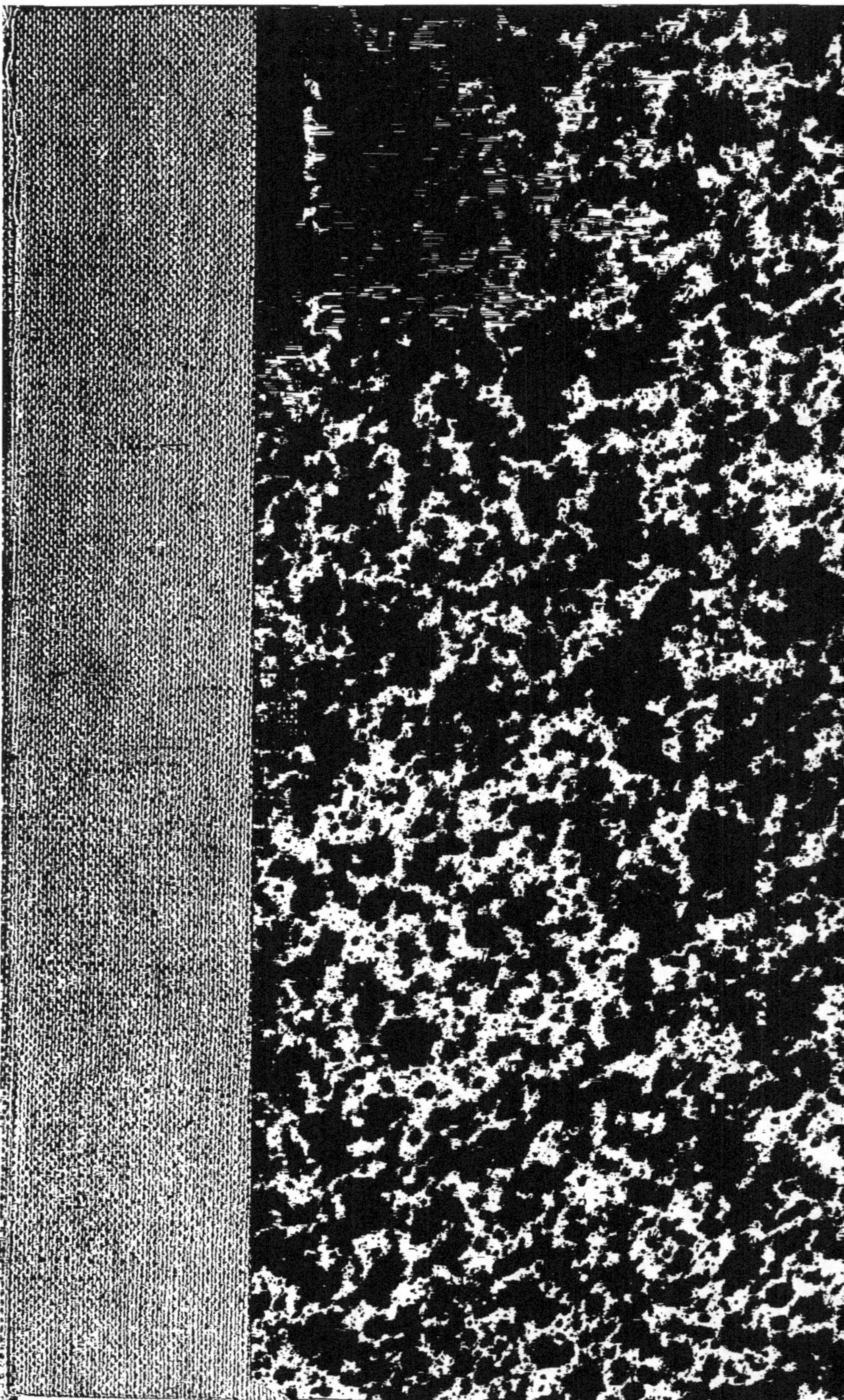

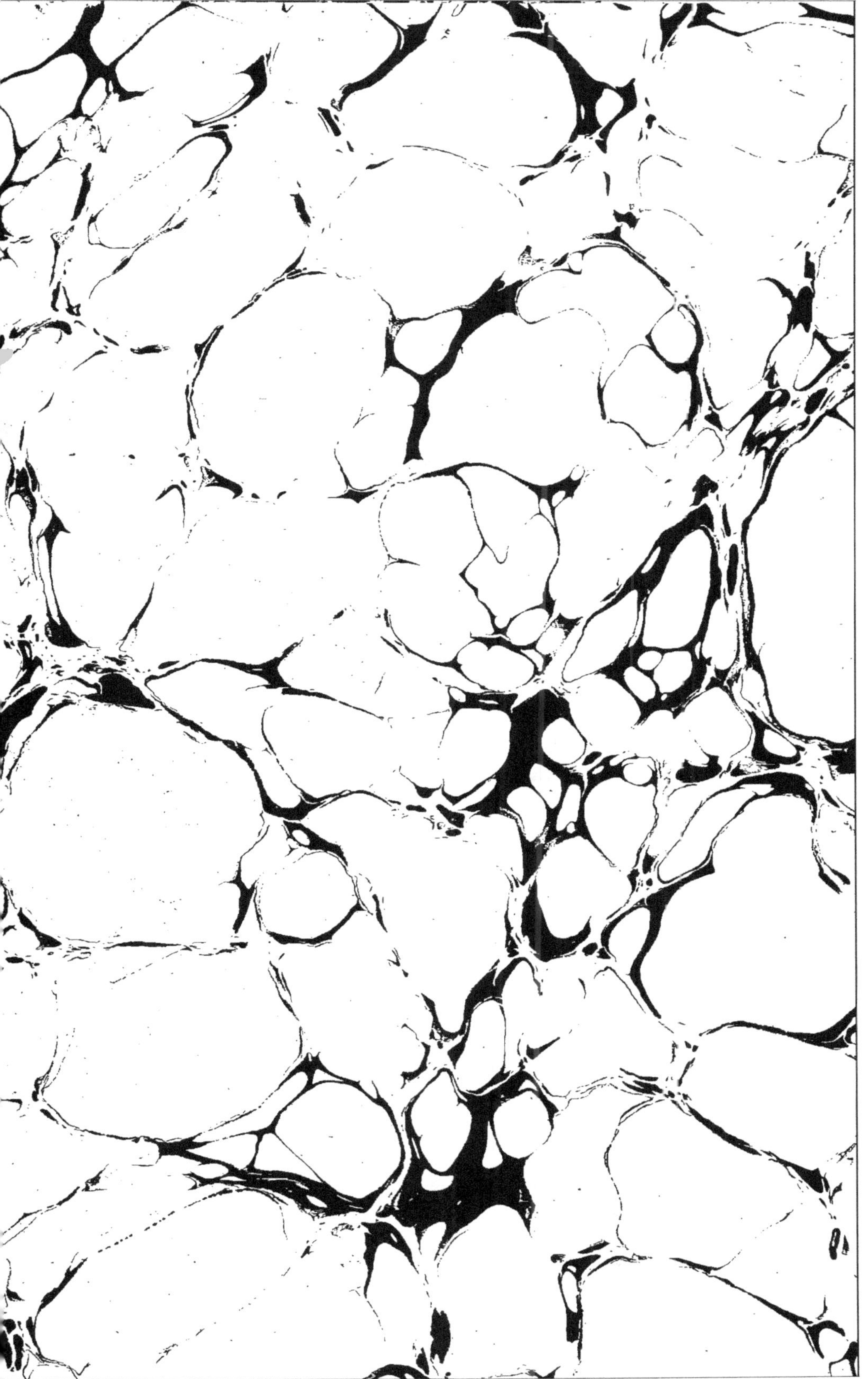

LA TUNISIE CHRÉTIENNE

PAR

E. DE SAINTE-MARIE

VICE-CONSUL DE FRANCE A RAGUSE

AVEC GRAVURES, PLANS & CARTE

LYON

BUREAUX DES *MISSIONS CATHOLIQUES*

6, RUE D'AUVERGNE, 6

1878

LA

TUNISIE

CHRÉTIENNE

LYON. — IMPRIMERIE PITRAT AINÉ, RUE GENTIL, 4.

Vue de Tunis. (D'après une photographie de M. Catalanotti.)

BIBLIOTHÈQUE ILLUSTRÉE DES MISSIONS CATHOLIQUES

LA TUNISIE CHRÉTIENNE

PAR

E. DE SAINTE-MARIE

VICE-CONSUL DE FRANCE A RAGUSE

LYON

BUREAUX DES *MISSIONS CATHOLIQUES*

6, RUE D'AUVERGNE, 6

1878

A

S. G. MGR LAVIGERIE

ARCHEVÊQUE D'ALGER

PRÉFET APOSTOLIQUE DU SAHARA

HOMMAGE

DE TRÈS-RESPECTUEUX DÉVOUEMENT ET DE

FILIALE ADMIRATION

Tunis, le 31 janvier 1876.

Monseigneur,

L'Église de saint Cyprien, de saint Augustin, de saint Fulgence, des saintes Félicité et Perpétue, commence à renaître. La chapelle de Saint-Louis de Carthage est maintenant desservie par deux prêtres de la Mission d'Afrique, envoyés naguère par Votre Grandeur dans la cité des martyrs et des confesseurs. Grâce à Elle, la chaîne mystique des liens spirituels de cette illustre Église est renouée, après de longs siècles. Bientôt, si Dieu le veut, des sanctuaires s'élèveront sur Byrsa, sur l'amphithéâtre où saint Namphanion, saint Cyprien et tant d'autres martyrs moururent pour la

1

foi chrétienne. Déjà, les dons des fidèles ont pris le chemin du sanctuaire élevé à la mémoire du saint roi, honoré par la France catholique.

L'Église romaine doit cette restauration à Votre Grandeur, sous le nom respecté de laquelle je viens tout naturellement placer l'histoire religieuse de la Tunisie, en vous priant très-respectueusement de prêter votre haut patronage à cet Essai.

Carthage païenne n'a été illustrée que par sa chute, tandis que Carthage chrétienne a brillé constamment, et dès les origines du christianisme, d'un éclat répandu sur elle par les plus saints et par les plus nobles martyrs.

La conquête arabe a éteint, au VIIe siècle, ce foyer de lumière chrétienne et de croyance invincible; aujourd'hui, nous assistons à la résurrection partielle de l'Église de Carthage. Elle unira désormais le nom de Votre Grandeur aux noms des docteurs, des écrivains et des bienfaiteurs, auxquels elle doit sa gloire, son éclat et sa continuation à travers les siècles.

Daignez agréer, Monseigneur, l'hommage de mon profond respect.

E. DE SAINTE-MARIE.

ARCHEVÊCHÉ
D'ALGER

Alger, le 15 février 1876.

Monsieur,

J'accepte avec reconnaissance la dédicace de votre livre. C'est un hommage que je ne mérite pas; mais je croirais, en le refusant, manquer à ce que je dois de reconnaissance pour vous et de sympathie pour vos savants travaux. Ils honorent trop la France et partent d'un esprit trop chrétien, pour qu'un évêque catholique ne se trouve pas également honoré de s'y voir associé, ne fût-ce que par son humble nom.

Veuillez agréer, Monsieur, l'expression de mes sentiments les plus distingués.

† CH.,
ARCHEVÈQUE D'ALGER.

INTRODUCTION

Lorsque le christianisme sortit de la Judée pour se
répandre dans le monde ancien, il fit des prosélytes sur
les points les plus opposés du bassin de la Méditerranée,
et je suppose qu'il pénétra à Carthage en même temps
qu'à Rome. Ces deux villes avaient, en effet, des relations maritimes incessantes avec l'Asie. Cependant on
ne connaît pas le nom du premier apôtre qui évangélisa
Carthage. On en est réduit à des conjectures.

Quoi qu'il en soit des origines du christianisme à Carthage, saint Cyprien nous dit que, vers la fin du iie siècle,
il y avait de nombreux évêchés dans la Zeugitane et dans
la Byzacène (Tunisie actuelle).

Morcelli, né en 1737, à Chiari (province de Brescia),

est l'auteur le plus remarquable que l'on puisse consulter
sur l'histoire de l'Église de Carthage. Son livre intitulé :
Africa Christiana (Brescia, 1816-1817, 3 vol. in-4°)
a exigé de longues recherches, et il est resté le résumé
historique le plus complet des vicissitudes religieuses
de Carthage chrétienne. Dans son *Essai sur l'Algérie*,
Mgr Dupuch, premier évêque d'Alger, n'a fait que suivre
le plan adopté par Morcelli. M. Yanoski a publié, dans
la collection de l'*Univers pittoresque* de Didot, une mo-
nographie sur l'Afrique chrétienne ; c'est également un
ouvrage inspiré par Morcelli.

Les *Annales de la Propagation de la Foi* ont publié,
en juillet et en septembre 1867, une notice sur le vicariat
apostolique de Tunis. Cette notice est rédigée sur des renseignements fournis par le R. P. Anselme des Arcs,
chancelier du vicariat. L'auteur s'est contenté de donner
quelques courts renseignements sur l'Église de Carthage
depuis son origine jusqu'au moyen âge, et s'est étendu
principalement sur la partie de l'histoire religieuse de
1623 à nos jours. Les documents auxquels le P. Anselme a puisé sont les archives de l'Église de Tunis ; il
a eu la patience de les classer et d'en condenser les
principaux éléments dans deux volumes manuscrits. Je
dois à sa bienveillance d'en avoir eu communication ; il
m'arrivera souvent, au cours de ce récit, d'y faire d'heureux emprunts. Je n'ai eu qu'un regret en les lisant,

c'est de les voir commencer si tard et se taire complétement sur l'histoire de l'Église de Carthage.

Aussi, avant d'aborder ce sujet, je prie le lecteur de
vouloir bien pardonner des lacunes inévitables dans les
chapitres consacrés à l'histoire religieuse de Carthage
ancienne et aux recherches sur le christianisme en
Tunisie, depuis Hassan l'Arabe jusqu'à Charles-Quint
(698-1535). La possibilité de décrire les lieux *de visu* et
de faire un certain profit de la topographie m'a seule en-
gagé à retracer à grands traits le passé d'une Église qui
s'honore des plus grands saints. D'un autre côté, le zèle
avec lequel Mgr Lavigerie, archevêque d'Alger, prélude
à la restauration de cette Église illustre, m'a donné
l'idée de réunir les renseignements épars dans divers
ouvrages sur Carthage chrétienne et sur l'état actuel
du christianisme en Tunisie.

Ceux qui voudraient faire des études plus complètes
de l'histoire religieuse de Carthage et de Tunis pourront consulter les ouvrages suivants :

1º *Bullarium ordinis FF. Prædicatorum*, Romæ, 1739 ;

2º *Les Missions chrétiennes*, par Marshall, traduit par M. L. de Waziers ;

3º *Vindiciæ Actorum sanctarum Perpetuæ et Felicitatis*, in-4, par le cardinal Orsi ;

4º *Les Frères des Écoles chrétiennes à Tunis*, par Fr. Pierre Angèle (Bulletin de l'Œuvre des Écoles d'Orient, novembre 1871 et janvier 1873) ;

5º *Les Établissements catholiques dans la régence de Tunis*, par Victor Guérin (Bulletin de l'Œuvre des Écoles d'Orient, janvier 1865) ;

6º *Saint Cyprien et l'Église de Carthage*, Paris, 1848, in-8, par Fabre ;

7º *La Chapelle de Saint-Louis à Tunis*, 19 planches, petit in-folio. Lecureux, 1874, nº 12, 375 ;

8º *Saint Vincent de Paul, sa vie, son temps, ses œuvres, son influence*, par l'abbé Maynard. Paris, 1860 ;

9º *Histoire de la Barbarie et de ses corsaires*, par le P. Pierre Dan. Paris, 1849 ;

10º *Recherches sur la destruction du christianisme dans l'Afrique septentrionale*, par M. Henri Guis, ancien consul dans le Levant. Paris, 1865.

11º *Litaniæ Sanctorum Africanorum*. Alger, typ. Jourdan ;

12º *Proprium sanctorum diœcesis Algeriensis*. Alger, Bastide, 1866.

LA TUNISIE

CHRÉTIENNE

PREMIÈRE PARTIE

L'ÉGLISE DE CARTHAGE

CHAPITRE PREMIER

GÉOGRAPHIE ANCIENNE DE LA TUNISIE

Le nord de l'Afrique a été de bonne heure colonisé par les Phéniciens ; ils y fondèrent Carthage et, les premiers, en explorèrent les rivages jusqu'au delà des colonnes d'Hercule.

Hannon, sept ou huit siècles avant Jésus-Christ, poussa, selon Gosselin, sa navigation jusqu'au cap Bojador (Grand Atlas, latitude N. 26° 48′ 10″, long. O. 16° 49′ 20″), et Néchao, roi d'Égypte (617-601 av. J.-C.), chargea un peu plus tard des navigateurs phéniciens de faire, d'orient en occident, le tour de l'Afrique. Les Romains, devenus maîtres de l'Afrique septentrionale, par la ruine de Carthage (146 av. J.-C.), et par la chute des princes numides (17 av. J.-C.), la divisèrent en six provinces : la Mauritanie Tingitane, la Mauritanie Césarienne, la Numidie, la Mauritanie Sitifienne, la Byzacène et la Zeugitane (Afrique propre), qui correspondent au Maroc, à l'Algérie et à la Tunisie. Sous Constantin, ces provinces furent divisées entre les préfectures des Gaules et de l'Afrique. La Tunisie actuelle était alors représentée par la Zeugitane, la Byzacène et le côté oriental de la Numidie.

La Zeugitane avait pour promontoires principaux : le cap Blanc *(Candidum promontorium)*, le cap Apollon *(Apollonium promontorium)* et le cap Mercure *(Hermeum promontorium)*. Les golfes les plus remarquables étaient ceux d'Hippo Zaritos et de Carthage. Les seuls fleuves à citer étaient le Bagrada (Medjerda) et le Catada (Oued Melian). Quant aux villes, elles étaient nombreuses ; je citerai les plus notables avec leurs noms arabes modernes :

Adis	Rhadès.	*Putput*	Hamamat.
Carpi	Korbès.	*Theudalis*	Menzel-Djemil.
Carthago	Carthage.		
Castra Cornelia	Henchir-Bou-Farès.	*Tuburbo*	Touhourba.
		Thugga	Douga.
Clypea	Galypia.	*Tunethum*	Tunis.
Curubis	Kourba.	*Tibursicumburœ*	Teboursuk.
Hippo Zaritos	Byzerte.	*Utica*	Sidi-Bou-Chateur.
Maxula Colonia	Hamam-El-Lif.		
		Uthina	Oudna.
Misua	Sidi-Daoud.	*Zeugitanus mons*	Zaghouan.
Neapolis	Nebeul.	*Zucchara civitas*	Djougar.
Oppidum Materense	Mateur.		

La Byzacène, dont le principal cap s'appelait *Ammonis*

promontorium, n'avait pas de fleuve important ; mais, dans le sud, elle était bornée par le lac Triton (Schott Faraoun), en dessous duquel vivaient, au témoignage d'Hérodote, les Lotophages. Les plus grandes villes étaient :

Hadrumetum. . . .	Sousse.	*Thapsus*.	Près de la
Leptis parva. . . .	Lemta.		Mehedia.
Meninx	Gerba.	*Thenæ*.	Henchir-Thiné.
Ruspina.	Monastir.	*Taphrura*.	Sfax.
Tacape.	Gabès.	*Thysdrus*	El-Djem.

Voici les noms des quelques villes de la Numidie ancienne présentement comprises dans le territoire de la Tunisie :

Assuras.	Henchir-Zoufour	*Suffetula*.	Sbitla.
Bissica Lucana. . .	Testour.	*Suffibus*.	Sbiba.
Capsa.	Gafsa.	*Tabraca*	Tabarque.
Gemellas.	Sidi-Aïch.	*Thala*.	Thala.
Mustis.	Henchir-Mest.	*Thugga*	Dougga.
Sicca Veneria . . .	Kef.	*Vaga*.	Beja.
		Zama regia.	Zouarim.

A ceux qui seraient curieux de plus de détails sur la géo-graphie de l'Afrique septentrionale, j'indiquerai le *Voyage archéologique* de M. V. Guérin dans la Régence de Tunis (2 vol. Paris, Henri Plon, 1862), et l'ouvrage de M. Tissot, ministre de France au Maroc : *Des Routes romaines du sud de la Byzacène*. Devant restreindre mes recherches à l'étude de Carthage chrétienne, je me bornerai à ces indications générales.

CARTHAGE. — Les ports et le forum

...graphie de M. Catalanotti. (Voir p. 7.)

CHAPITRE II

Quelle est l'origine et quel est le passé de cette grande ville illustrée par tant de saints et de martyrs? Quel était l'état de Carthage avant le christianisme?

De bonne heure les Phéniciens se trouvèrent trop à l'étroit sur la côte de Syrie. Après la colonisation de la Sicile et longtemps après la fondation d'Utique, une colonie tyrienne, à laquelle la fable a donné une gracieuse conductrice, vint aborder au cap Carthage où elle fonda *Kart-Hadacht*, Καρχηδών, *Carthago*, Carthage. Didon, sœur de Pygmalion, roi de Tyr, et veuve de Sichée, aurait, selon Virgile, fondé cette ville. Saint Jérôme, à l'autorité duquel divers auteurs se sont rangés, dit que Zorus et Carchedon furent les fondateurs de la nouvelle colonie. M. Beulé pense que Carthage prit naissance vers l'an 813 avant Jésus-Christ.

Polybe rapporte que cette ville était située dans un golfe, sur une espèce de chersonèse, et entourée, dans la plus grande partie de son enceinte, d'un côté, par la mer, et, de l'autre, par le lac de Tunis.

De ce dernier point on apercevait Carthage, dont la position a été précisée par MM. Falbe, Dureau de la Malle et Beulé. Le meilleur plan à consulter sur la cité didonique est celui que le capitaine Falbe, consul général de Danemark à Tunis (1830-1834), a joint à la brochure éditée en 1833 à l'imprimerie royale; Dureau de la Malle en a donné une heureuse réduction restreinte à la Carthage punique. (Voir, à la fin du volume, le plan de M. Falbe.)

Les commencements de la colonie tyrienne furent modestes. Elle se contenta d'occuper la colline de Byrsa où est actuellement la chapelle de Saint-Louis ; ce fut la citadelle du peuple naissant. Lors des guerres puniques, les murs d'enceinte de Carthage formaient une triple ligne de défense allant de la Tœnia[1] au lac de Soukra. Les portes principales de l'enceinte étaient celles de Thapsus, de Theveste, de Furnos et d'Utique. Sur l'acropole de Byrsa, les Carthaginois bâtirent un temple à Esculape, et un autre à Didon ; les Romains y construisirent le palais du proconsul avec le prétoire et les prisons. Ces derniers édifices sont souvent mentionnés dans les Actes des martyrs, et j'aurai plus loin l'occasion d'en parler en détail, ainsi que du forum situé entre Byrsa et la mer. C'est sur cette place que le proconsul avait son siége, et c'est de là que de nombreux confesseurs furent envoyés aux bêtes et au supplice. Du forum on montait à Byrsa par un escalier de marbre.

Les ports de Carthage étaient situés au sud-est de la cha-

---

[1] La Tœnia est l'espace de terre compris entre le lac de Soukra et la mer.

CARTHAGE — Plan du terrain et des ruines, levé et dessiné en 1831, par l'albe. (Voir p. 6.)

pelle de Saint-Louis, au point précis où se trouve aujourd'hui la maison de campagne du bey. Les deux petits lacs que l'on voit actuellement sont, non pas, comme on serait tenté de le croire, un reste des ports, mais bien un essai de restauration partielle, tentée il y a quelques années, par le fils de S. Exc. le premier ministre. (Voir la gravure, page 5.)

« Les deux ports, dit Appien, communiquaient l'un avec l'autre et avec la mer par une seule entrée, de 21 m. 5 c. de largeur, qui se fermait avec des chaînes de fer. Le premier était le port des marchands et contenait des points d'attache nombreux et de diverse nature pour amarrer les navires. Au milieu du port intérieur s'élève une île ; l'île et le port sont bordés de vastes quais... C'est dans cette île qu'était placé le palais de l'amiral. »

Scipion, après la prise de Carthage, démolit en partie les murs des ports, dont l'entrée avait été bouchée, au cœur des opérations, par une digue marine ; mais les colons romains conduits par les Gracques restaurèrent les ports. Les Carthaginois leur donnaient le nom de Cothon, et, au IVe siècle, on les appela Mandracium. Ces ports avaient été creusés de main d'homme ; de là leur vient le nom de Cothon (coupure, excavation, d'après la racine hébraïque et arabe *kataa*, couper). M. Beulé a fait, sur cette partie de Carthage, des recherches précieuses, consignées dans son livre intitulé : *Fouilles à Carthage* (Paris, imprimerie impériale, 1862).

Le temple d'Apollon, probablement celui de Melcarth, l'Hercule tyrien, était situé près du forum, ainsi que la curie où le sénat tenait parfois ses séances ; le temple d'Esculape semble avoir souvent servi au même usage.

L'édifice consacré à Junon Céleste (Astarté-Tanith), la

grande déesse de Carthage, était placé en face de Byrsa, sur la colline voisine. Divers auteurs veulent que ce monument ait été compris dans l'enceinte de Byrsa. Une cour de 2,945 mètres, précédait le temple d'Astarté, où était renfermé le voile sacré ($\pi\acute{\epsilon}\pi\lambda o\varsigma$, *peplum*), palladium de la ville. Dans la cour s'élevaient divers édicules dédiés à des divinités inférieures. En 421, l'empereur Constance aurait, dit-on, fait raser ce temple, dont l'emplacement serait devenu un cimetière chrétien, tandis que, d'après Tertullien, cet édifice païen aurait été consacré, vers la même époque, au culte du vrai Dieu. L'évêque de Carthage, en s'asseyant sur la chaire du grand prêtre de Tanith, renversa à jamais cette idole muette. Cependant le culte d'Astarté fut si vivace, que les historiens ecclésiastiques constatent qu'il était encore pratiqué au ve siècle.

L'auteur anonyme des *Promesses et Prédictions*, qui vivait vers 398 après J.-C., nous a laissé une description du temple d'Astarté ; les Pères de l'Église donnent aussi à ce sujet de longs détails.

Les Carthaginois avaient apporté de Tyr le culte des dieux et des déesses de la mère patrie. Melcarth, le dieu de la clarté solaire, était l'Hercule punique, le protecteur de Tyr et de toutes les colonies phéniciennes. Eschmun-Esculape était le dieu protecteur de Byrsa où il avait son temple. Moloch ou Saturne était le premier dieu de l'Olympe carthaginois ; c'était le maître du temps, le Chronos des Grecs. Astarté ou Tanith, appelée Junon Céleste par les Romains, était associée à ce dieu, et, comme lui, elle avait à Carthage un temple fort visité. Ces quatre dieux principaux symbolisaient le temps, le ciel, la lumière et la santé. Il semble que les Romains aient ensuite introduit, dans la ville de Didon, le culte de Cérès et de Proserpine.

La religion des Carthaginois était cruelle et matérialiste : les mystères de Tanith et les sacrifices humains offerts à Moloch ne devaient guère élever l'esprit d'un peuple chez lequel la divinité était toujours vengeresse et matérielle. Il a fallu la venue du christianisme pour faire de Dieu l'Être bon, indulgent et compatissant que les anciens on ignoré et que Socrate a entrevu.

Tombeau romain de la Zeugitane, trouvé en 1868, à la Mohammédia, près de Tunis, d'après un dessin de M. Th. Caillat. (Voir page 10.) [1]

A l'origine, les Carthaginois eurent une nécropole contre Byrsa, c'est-à-dire du côté de la Malka ; mais, lorsque la ville prit de l'extension, ils enterrèrent leurs morts au-dessus de la Marsa, dans la montagne Creuse (Gebel Kaouï). Cette habitude sémitique d'enterrer les morts, au lieu de les brûler comme faisaient les Romains, persista après la

---

[1] Dans l'inscription centrale du sarcophage, il faut lire MANLIUS QUARTINUS SORORII pour MANLIUS QUARINUS SORORII.

conquête, et le christianisme ne fit que lui donner la consécration de son autorité. Les nécropoles de Carthage ont été fouillées bien des fois, et il est presque impossible de trouver un tombeau intact. Les tombes étaient creusées sous le sol, et l'on y arrivait par une porte dissimulée. Autour de la chambre centrale, des niches étaient disposées, à droite, à gauche et au fond, pour servir de couche funéraire. Je joins ici le plan d'un tombeau de l'époque romaine. (Voir la gravure page 9.)

Carthage était divisée en divers quartiers dont les principaux étaient ceux de Byrsa, de Mégara, des Mappales, du Forum. Quant aux rues, l'histoire ne nous a conservé que quelques noms : Via Cælestis, Via Senis, Via Memoriæ, etc.

Deux citernes publiques sises, l'une, au village de la Malka, l'autre, au bord de la mer au-dessous du Fort-Neuf, alimentaient la ville. J'ai mesuré moi-même les citernes du bord de la mer. Elles ont 139 m. de long sur 37 de large ; elles sont voûtées et se divisent en compartiments. Elles possèdent des réservoirs circulaires, où les eaux passaient avant d'être distribuées dans la ville. Ces citernes étaient, ainsi que celles de la Malka, de construction carthaginoise.

Lorsque Hadrien revêtit la pourpre impériale, Carthage avait été reconstruite et embellie tour à tour par Caïus Gracchus, Jules César et Auguste ; mais il était parfois difficile de se procurer de l'eau dans cette ville alimentée seulement par des citernes privées et par deux citernes publiques. Des sécheresses, comme on en a vu dans les temps modernes, pouvaient, à un moment donné, faire vider les divers réservoirs d'eau et mettre ainsi en danger l'existence d'une population considérable. Les premiers colons romains

CARTHAGE — Les citernes, d'après une photographie de M. Catalanotti. (Voir p. 10.)

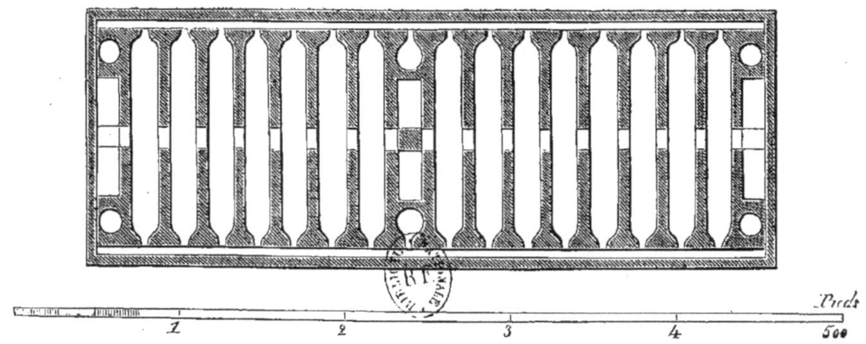

CARTHAGE. — Plan des citernes du bord de la mer. (Voir p. 10.)

s'étaient empressés de réparer les citernes de la Malka et
celles du bord de la mer; cependant, au IIe siècle après
J.-C., la distribution des eaux devint insuffisante à cause
des nouveaux thermes et des nombreux jardins créés du
côté de Soukra et de la Marsa. Dans un voyage qu'Hadrien,
le grand architecte impérial, fit à Carthage vers l'an 125
après J.-C., il résolut de procurer des eaux vives à cette
ville.

Il fallut chercher au loin une source pour la diriger sur
Carthage. La plaine, qui s'étend à droite et à gauche du lac
de Tunis, ainsi que celle qui fait face au Bardo, sont sans
eau; aussi les ingénieurs d'Hadrien durent-ils aller jusqu'à
Zaghouan et Djougar, pour découvrir des eaux courantes:
or, Zaghouan et Djougar sont, en moyenne, distants de
110 kilom. du point où il s'agissait de les faire parvenir;
de plus, de nombreuses élévations du sol existaient entre
Zaghouan et la mer. En conséquence, on dut construire un
gigantesque aqueduc, percé à travers les montagnes, jeté sur
les vallées, passant par la Mohammédia, derrière le Bardo,
débouchant sous les collines de l'Ariane et allant verser
ses eaux dans les citernes de la Malka, ainsi changées en
chambres de distribution. Des conduits portèrent l'eau
partout; d'après certains vestiges de maçonnerie, je crois
que l'amphithéâtre pouvait être inondé à certains jours
et changé en naumachie.

Sur un parcours de 110 kilom., l'aqueduc avait une hau-
teur moyenne de 35 mètres et un écartement de 3 mètres
entre les pieds de soutènement. (Voir la gravure, p. 12.) De
Carthage à l'Ariane, il ne reste plus de l'aqueduc que des blocs
composés de petites pierres noyées dans beaucoup de ciment;

les grosses pierres ont été enlevées pour servir à des constructions modernes ; cependant l'œil suit encore de nos jours,
assez facilement, le tracé de ce travail gigantesque dont les
débris viennent toucher le côté N.-O. de la Malka, où étaient
autrefois les citernes servant de déversoir. Au-dessus du
Bardo, à une heure environ de distance et sur la route de
Toubourba, on remarque une notable partie des arcades de
l'aqueduc, sur une étendue de 700 à 800 mètres. L'éloignement seul a protégé ces ruines, qui sont trop distantes
de Tunis pour fournir de la pierre à bon compte.

L'aqueduc construit par Hadrien a eu le sort de tous les
monuments construits autrefois dans la Byzacène et dans la
Zeugitane. Réparé, suppose-t-on, sous l'empereur Septime
Sévère, il fut détruit par Gélimer, roi des Vandales ; puis,
Bélisaire, envoyé à Carthage par Justinien, le répara de
nouveau. Plus tard encore, les Arabes, pénétrant en Tunisie
pour la première fois, le coupèrent. Bientôt après, se ravi-
sant, ils le réparèrent. A l'époque de la croisade de saint
Louis, l'aqueduc ne portait plus d'eau, et, comme la ville de
Tunis s'agrandissait peu à peu, il servit de carrière pour les
constructions privées et publiques. C'est ainsi que, entre
Carthage et la plaine ouest du Bardo, ce gigantesque ouvrage, qui avait occupé plus de douze mille ouvriers à la
fois, a disparu pour toujours.

M. Gustave Flaubert, dans un roman qu'il ne m'appartient
pas de juger, a prétendu que l'aqueduc était un ouvrage
carthaginois, et c'est avec le secours de cet édifice qu'il a
écrit une des pages les plus imagées de son livre. Mais, lorsque
le romancier faisait vivre Mathô, il y avait encore plus de
quatre cents ans à attendre pour la construction de l'aqueduc

CARTHAGE. — Ancien aqueduc. Traversée de l'Oued-Melian ; d'après un dessin de M. Caillat, ingénieur au service du bey de Tunis. (Voir p. 11)

1. Coupe. — 2. Élévation restaurée. — 3. Intérieur des piles. — 4. État actuel.

Il est, du reste, inutile, après les savantes recherches de Dureau de la Malle, de prouver que ce monument a été construit par les Romains et non par les Carthaginois.

L'historien arabe Abou-Obaïd-el-Bekri, le géographe Ibn-el-Ouardi et Edrisi parlent de l'aqueduc de Carthage dont ils décrivent les arcades, le parcours, la source, etc. Marmol dit que, du temps de Charles-Quint, on ne voyait plus que les ruines de ce monument dont certains auteurs ont voulu à tort attribuer la réparation au roi d'Espagne. Il y a là une confusion avec l'aqueduc construit, vers 1536, par les Espagnols, entre un fort de Tunis et les collines du Bardo.

Du temps de Stanley et de Shaw (1720-1740)[1] il y avait encore des arcades à l'Ariane. Depuis, l'œuvre de destruction a marché rapidement, et c'est ainsi que, de nos jours, les indigènes, pour nettoyer leurs champs, font disparaître jusqu'aux vestiges de cette œuvre titanique.

Lorsque Scipion Émilien eut pris Carthage (146 av. J.-C.), il détruisit les murs d'enceinte, les fortifications, les ports; mais il respecta les temples qui furent incendiés par les Carthaginois. Plus tard, les Romains relevèrent pieusement ces temples, dont plusieurs devinrent, aux IIIe et IVe siècles, des

---

[1] « On voit encore à Arriana, petit village à 2 lieues au nord de Tunis, plusieurs arches qui sont entières, et que j'ai trouvé, en les mesurant, avoir 70 pieds de haut : les colonnes qui les soutenaient avaient 16 pieds en carré. Au-dessus de ces arches est le canal par lequel l'eau passait : il est voûté par dessus et revêtu d'un bon ciment. Une personne de taille médiocre pourrait y marcher sans se courber. De distance en distance, il y a des ouvertures, soit pour y donner de l'air, ou pour la commodité de les nettoyer. L'eau y montait, à ce qu'il paraît par les marques qu'elle y a laissées, à près de 3 pieds; mais on ne saurait dire exactement la quantité que cet aqueduc en fournissait par jour à Carthage : il faudrait pour cela savoir la pente qu'on lui avait donnée; et c'est ce que je n'ai pas pu découvrir, à cause que le canal est à présent détruit en plusieurs endroits, quelquefois de la longueur de 3 ou de 4 milles de suite. » — *Voyage de M. Shaw, M. D., dans plusieurs provinces de la Barbarie et du Levant;* t. I, p. 193. — La Haye, 1743; 2 vol. in-4.

basiliques chrétiennes. A côté de ces restaurations, les vainqueurs élevèrent, outre l'aqueduc, des édifices nouveaux, tels que le cirque, le théâtre, l'amphithéâtre, etc.

On peut voir les ruines de ce dernier monument en face de la Malka, contre la station de chemin de fer appelée Carthage. Il n'en reste qu'une excavation elliptique assez profonde, mesurant 90 m. de large et sur les bords de laquelle on remarque encore de gros blocs de pierres provenant de l'éboulement du mur d'enceinte. C'est là que sainte Félicité et sainte Perpétue furent martyrisées le 7 mars 203.

Le cirque, situé contre le village arabe appelé Douar Ecchot, n'a été le témoin d'aucun martyre. Il avait environ 675 m. de long sur 90 m. de large ; sa forme est parfaitement reconnaissable.

Du théâtre, je n'ai rien à dire ici. Il était placé près des citernes, au bord de la mer. Apulée nous en a conservé une belle description.

Des thermes avaient été construits en grand nombre à Carthage. Il ne reste plus que ceux de Gargilius. Saint Augustin les place au milieu de la ville, et il ajoute que c'est un vaste édifice où se tint, en 411, le second concile provincial appelé à juger la querelle des donatistes.

Telle est la description sommaire des édifices et des lieux remarquables de Carthage punique et romaine. Elle servira au lecteur à s'orienter plus facilement lorsque, dans le courant du récit, j'aurai à parler soit du forum, soit de l'amphithéâtre, etc.

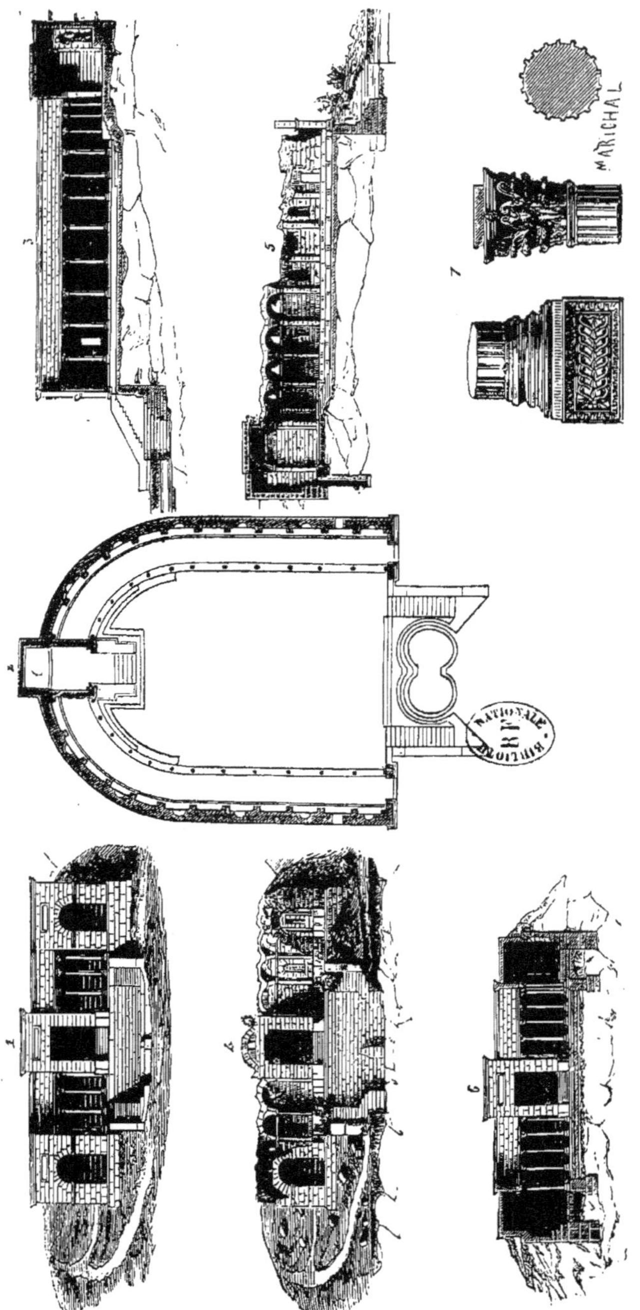

CARTHAGE. — Ruines d'un temple à Zaghouan ; d'après un dessin de M. Caillat.

1 Façade restaurée. — 2. Plan restauré. — 3. Coupe longitudinale. — 4. Façade, état actuel. — 5. Coupe, état actuel. — 3. Coupe transversale. — 7. Base, fût et chapiteau

CHAPITRE III

LES BASILIQUES ET LES INSCRIPTIONS DE CARTHAGE CHRETIENNE

Lorsque saint Cyprien versa son sang pour la foi (258), le christianisme commençait à triompher des idoles. Ce fut par la prise de possession du temple de Junon Astarté, au ve siècle, que l'évêque de Carthage établit officiellement le vrai culte. Les principaux temples païens furent peu à peu convertis en basiliques ; et, lorsqu'on ne trouva plus d'édifices à approprier aux besoins du culte nouveau, on construisit des églises qui durent être assez semblables aux temples des dieux renversés. Voici les noms de vingt basiliques chrétiennes de Carthage.

1. Basilique Perpetua Restituta.	5. Basilique des Martyrs Scillitains.
2. — de Faustus.	6. — de Célérine.
3. — de Sainte-Agilée.	7. — de Novarum
4. — ad Majorum.	

8.	Basilique de Gratien.		15.	Basilique de Saint-Paul.
9.	— d'Honorius.		16	— de la Vierge.
10.	— de Théodore.		17.	— de Sainte-Prime.
11.	— Théoprépienne.		18.	— du Palais.
12.	— Tricillarium.		19.	— de Saint-Cyprien.
13.	— de la Seconde-Région		20.	— de Saint-Julien.
14.	— de Saint-Pierre.			

Dans l'état actuel, il serait bien difficile de préciser les emplacements de ces basiliques. Je dois donc me contenter de réunir ici les indications que l'on trouve éparses dans les divers auteurs anciens et modernes.

Basilique de la Vierge. — Elle était dans le palais du proconsul à Byrsa.

Basiliques de Saint-Cyprien. — Saint Cyprien eut deux basiliques, l'une, dans le lieu où il subit le martyre, l'autre, dans la rue des Mappales, à la maison de Macrobe, où son corps fut enseveli. Procope prétend que, plus tard, sur le bord de la mer et assez près des citernes, on éleva une troisième basilique à la mémoire du saint évêque. Le lieu de la sépulture de saint Cyprien s'appelait l'Ager Sextii, et la position de ce domaine est déterminée; car l'acte proconsulaire de la passion de saint Cyprien nous dit que le corps du martyr fut, après sa décollation, enterré dans la cour intérieure du procurateur Macrobius Candidus, qui donne sur la rue des Mappales près des piscines. L'emplacement de l'église où fut déposé le corps de saint Cyprien est désigné avec précision par ce passage du martyre de saint Maximilien, décapité à Theveste : *Et ita passus est. Pompeiana matrona corpus ejus de judice meruit, et, imposito in dormitorio suo, perduxit ad Carthaginem et sub monticulo, juxta Cyprianum martyrem secus palatium, condidit.* Quant à la basilique élevée au lieu où saint Cyprien subit le martyre, rien aujourd'hui n'en marque l'emplacement. Il doit se trouver, non loin de l'amphithéâtre, dans le bas quartier de Mégara. Je ne saurais mieux le préciser qu'en indiquant au lecteur les puits arabes situés entre le lac de Tunis et la Malka, et en le priant de reporter son regard à 500 m. environ de ces puits, dans la direction du N.-O. (Voir, à la fin du volume, le plan de Carthage.)

Basilique Perpetua Restituta. — C'était l'église cathédrale de Carthage. Elle était placée sur le forum, près du palais occupé aujourd'hui par Mustapha ben Ismaïl, ministre de la marine. Si, comme plusieurs auteurs le supposent, le temple d'Apollon était sur l'emplacement de ce palais, on pourrait admettre que le temple fut ensuite consacré à Dieu sous le nom de Basilica Perpetua Restituta. La patronne de cette église me semble être sainte Restitute, dame noble de Carthage convertie au christianisme vers l'an 301. Je ne pense pas qu'il s'agisse ici de sainte Perpétue, martyrisée en 204 avec sainte Félicité ; car elle ne portait pas le nom de Restituta : elle était appelée Vivia Perpetua. Il y a une autre sainte Restitute, que l'Église d'Afrique honore le 17 mai, et qui était originaire de Byzerte ; mais elle n'a été la patronne d'aucune église de Carthage.

Basilique de Sainte-Célérine. — La bienheureuse Célérine, grand'mère du martyr Émilien, supplicié en 205 avec Castus, versa son sang, elle aussi et la même année, pour confesser sa foi. Une basilique lui fut élevée. Il est impossible aujourd'hui de rien savoir sur son emplacement.

La basilique des *Martyrs Scillitains* et la basilique nommée *Tricillarium* retentirent souvent de la voix de saint Augustin.

Les Pères de l'Église parlent des basiliques de *Théodore*, d'*Honorius*, de *Gratien*, de *Novarum*, et de la basilique *Théoprépienne*, mais sans indiquer leurs positions. A l'époque où ils écrivaient, ils ne pensaient pas que ces basiliques disparaîtraient comme les monuments païens de Carthage, et ils n'ont pas songé à nous renseigner sur la topographie de ces lieux sacrés.

Victor de Vite prétend que les corps de sainte Félicité et de sainte Perpétue avaient été déposés dans la basilique *ad Majorum* où ils furent longtemps vénérés. En somme, il règne forcément une grande obscurité sur cette question, et des fouilles ne la dissiperont que difficilement ; car c'est surtout la Carthage chrétienne qui a disparu. D'un côté, les païens, pendant les persécutions, ont détruit tout ce qu'ils ont pu du culte chrétien, et, de l'autre, les Arabes conquérants ont eu principalement à cœur de démolir, dès leur entrée en Tunisie, tout édifice consacré à Jésus-Christ. Aussi, en fait d'antiquités chrétiennes, citerai-je seulement quelques rares inscriptions funéraires, et devrai-je me borner à donner des dessins de lampes que j'ai trouvées à Carthage.

Dans l'intérieur de la chapelle de Saint-Louis de Carthage, sur le mur de la galerie gauche, on lit, en entrant, l'inscription suivante :

C'est très-probablement la pierre tumulaire de Victorina, martyre dont il est parlé dans l'ouvrage de Mgr Dupuch. Au couvent des Capucins à Tunis, il existe deux inscriptions chrétiennes, trouvées en 1850 dans les fondations d'une des ailes de l'ancien palais du bey, à la Mohammédia, village situé à deux heures au S.-E.-E. de Tunis. Je les transcris ici [1].

Cette inscription se lit sur une dalle tumulaire qui a d'abord recouvert les restes de l'évêque Romanus ; puis

____

1 Ces deux inscriptions ont été gravées d'après un estampage de M. V. Guérin.

l'évêque Rusticus a été déposé dans le même tombeau; et enfin l'évêque Exitiosus est venu y attendre la résurrection à côté de ses deux prédécesseurs. Morcelli fait mention d'un évêché ayant existé à la Mohammédia.

COSTANTINVS
SVBD INPACEVIXIT
AN ⁊✕ D X⸫ K ꝭ

M. Espina, vice-consul de France à Sousse, a découvert à El-Djem (ancienne Thysdrus), entre Sousse et Sfax, une épitaphe chrétienne très-curieuse à mentionner :

ROSATVS
FIDELISBI
XITINPA
CEANNOS
IIIIXNSII
DPSTXPRI
DIEKAnEN
DASAPRIS
INDVII [1]

[1] *Rosatus fidelis vixit in pace annos IIII menses II depositus p-idiè kalendas aprilis indictionis VII.*

J'ai relevé cette inscription à La Goulette, chez M. Cubisol,
où elle a été déposée.

M. V. Guérin, qui a écrit un ouvrage en deux volumes
sur l'épigraphie romaine en Tunisie[1], n'a trouvé que cinq
inscriptions chrétiennes. Les voici :

1° A Mateur *(Oppidum Matarense)*, sous l'entrée voûtée
d'un fondouk :

2° A Béja (Vaga), sur une pierre tumulaire encastrée dans
le mur d'une zaouïa ·

```
. . . . ESTA FIDELI
. . . . PACE VIXSIT
. . . IS CENTV ET X
```

3° A Béja, sur une pierre en partie brisée :

```
QVI IN DEO CONFIDIT SEMP. VIVET
```

---

[1] *Voyage archéologique dans la régence de Tunis;* 2 vol. in-8. — Paris, Plon,
1862.

4° Au Kef (Sicca Veneria), sur un bloc encastré dans le mur d'une maison :

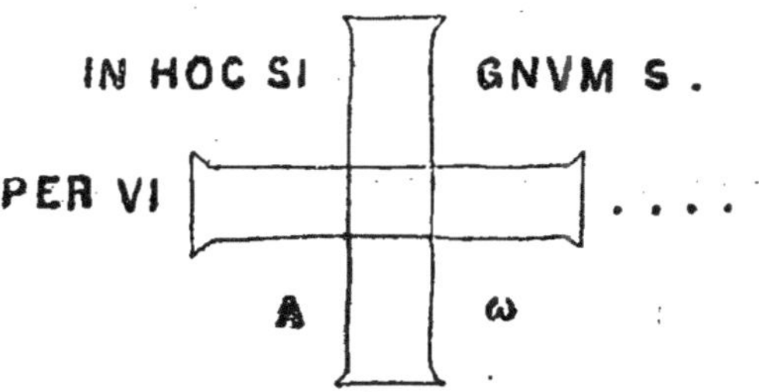

5° A l'Henchir-Botria *(Botrianense Oppidum)*, près de Zaghouan :

Le cercle que représente notre dessin est formé d'une couronne élégamment sculptée.

Tels sont les rares vestiges de l'époque chrétienne que l'on retrouve en Tunisie.

A côté de ces textes bien incomplets, il convient de faire figurer les dessins le plus ordinairement reproduits sur les lampes chrétiennes découvertes à Carthage.

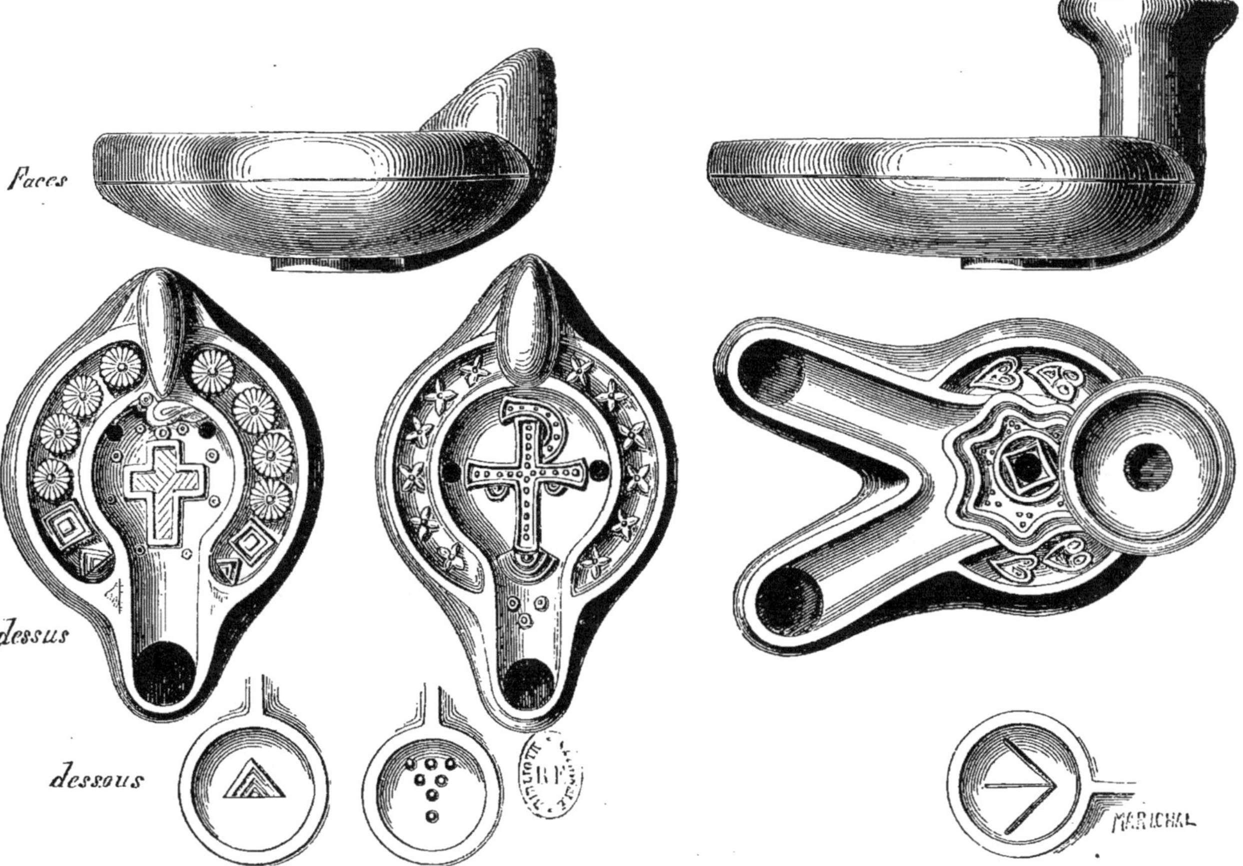

CARTHAGE. — Lampes funéraires de l'époque chrétienne. (Dressé au ¹/₂ de l'exécution, par M. Caillat.)

CHAPITRE IV

LES PERSÉCUTIONS ET LES PRINCIPAUX MARTYRS DE CARTHAGE

SAINT NAMPHANION ET SES COMPAGNONS (198)
SAINTE FÉLICITÉ, SAINTE PERPÉTUE ET LEURS COMPAGNONS (204)
SAINT CYPRIEN (258)

Comme les autres provinces de l'empire romain, l'Afrique chrétienne eut sa part des persécutions impériales. On compte communément dix persécutions générales :

1ʳᵉ persécution : Néron, 66-68 ;
2ᵉ   —   Domitien, 95 ;
3ᵉ   —   Trajan, 107 ;
4ᵉ   —   Marc-Aurèle, 164-177 ;
5ᵉ   —   Septime-Sévère, 199-204 ;
6ᵉ   —   Maximin, 235 ;
7ᵉ   —   Dèce, 250 ;
8ᵉ   —   Valérien, 257-258 ;
9ᵉ   —   Aurélien, 273-275 ;
10ᵉ   —   Dioclétien et Maximien, 303-313.

Les édits de Néron, de Domitien, de Trajan et de Marc-Aurèle n'avaient pas été portés en Afrique. Ce fut sous

Septime-Sévère, en 198, que la persécution y éclata pour la première fois. A cette époque, Agrippinus était évêque de Carthage.

Le premier martyr de l'Église de Carthage est Namphanion. Avec lui, Miggines, Lucitas et Sanaen eurent la tête tranchée sur le forum (198). Les Actes de ce martyre ne sont point parvenus jusqu'à nous; on sait seulement que Namphanion et ses compagnons étaient de Madaure (aujourd'hui M'daourouch) en Numidie. Le Martyrologe romain rappelle leur mémoire le 4 juillet.

Je ne donnerai pas ici les noms des nombreux martyrs mis à mort à Carthage, entre l'an 198 et l'an 313 où la paix fut accordée à l'Église par Constantin. Je me contenterai de raconter le martyre de sainte Félicité, de sainte Perpétue et de leurs compagnons et celui de saint Cyprien.

Tuburbo, ville de la Proconsulaire, peu éloignée de Carthage, aujourd'hui appelée Toubourba, et distante à l'O. de trois heures de Tunis, était la patrie de Vivia Perpetua. Timinien, alors proconsul, la fit arrêter, conduire à Carthage et jeter avec ses compagnons dans les prisons de Byrsa.

Dom Ruinart raconte leur martyre en ces termes [1] :

Vivia Perpetua, d'une famille considérable dans la ville, était mariée à un homme de condition. Elle avait son père et sa mère, deux frères, l'un desquels était aussi catéchumène, et un enfant à la mamelle, qu'elle nourrissait de son propre lait. Elle écrivit elle-même l'histoire de son martyre, telle que nous allons la donner.

---

[1] *Acta primorum martyrum sincera et selecta ;* Paris, 1689, in-4. — La traduction des pages suivantes est de Drouet de Maupertuy.

« Nous étions encore avec nos persécuteurs, lorsque mon père vint faire de nouveaux efforts pour m'ébranler et pour me faire changer de résolution. « — Mon père, lui dis-je, voyez-vous « ce vaisseau de terre ? — Oui, me dit-il, je le vois. — Peut-on, « continuai-je, lui donner un autre nom que celui qu'il a ? — « Non, me répondit-il. — De même, lui répliquai-je, je ne puis « être autre que ce que je suis, c'est-à-dire chrétienne. » A ce mot, mon père se jeta sur moi pour m'arracher les yeux ; mais il se contenta de me maltraiter, et il se retira confus de n'avoir pu vaincre ma résolution avec tous les artifices du démon dont il s'était servi pour me séduire. Je rendis grâces à Dieu de ce que je fus quelques jours sans revoir mon père, et son absence me laissa goûter un peu de repos. Ce fut durant ce petit intervalle que nous fûmes baptisés : le Saint-Esprit, au sortir de l'eau, m'inspira de ne demander autre chose que la patience dans les tourments.

« Peu de temps après, on nous conduisit en prison : l'horreur et l'obscurité du lieu me saisirent d'abord, car je ne savais ce que c'était que ces sortes de lieux. Oh ! que ce jour-là me dura ! Quelle horrible chaleur ! On y étouffait, tant on y était pressé, outre qu'il nous fallait à tous moments essuyer l'insolence des soldats qui nous gardaient. Enfin, ce qui me causait une peine extrême, c'est que je n'avais pas mon enfant. Mais Tertius et Pompone, deux charitables diacres, obtinrent, à force d'argent, que l'on nous mît dans un lieu où nous fussions plus au large, et où en effet nous commençâmes un peu à respirer. Chacun songeait à ce qui le regardait. Pour moi, je me mis à donner à teter à mon enfant qu'on m'avait apporté, et qui était déjà tout languissant pour avoir été longtemps sans prendre la mamelle. Toute mon inquiétude était pour lui. Je ne laissais pas toutefois de consoler ma mère et mon frère, mais surtout je les conjurais d'avoir soin de mon enfant. Il est vrai que j'étais sensiblement touchée de les voir eux-mêmes si fort affligés pour l'amour de moi. Je ressentis ces peines-là durant plusieurs jours ; mais, ayant obtenu qu'on me laisserait mon enfant, je commençai bientôt à ne les plus ressentir; je me trouvai toute consolée, et la prison me devint un séjour agréable; j'aimais autant y demeurer qu'ailleurs.

« Un jour, mon frère me dit : « — Ma sœur, je suis persuadé « que vous avez beaucoup de pouvoir auprès de Dieu; demandez-« lui donc, je vous en prie, qu'il vous fasse connaître, dans une « vision ou de quelque autre manière, si vous devez souffrir la « mort ou si vous serez renvoyée. »

Perpétue eut, en effet, une vision qui lui révéla qu'elle était destinée au martyre. Elle le dit à son frère; et tous deux, suivant l'expression de la sainte, commencèrent à se détacher entièrement des choses de la terre et à tourner toutes leurs pensées vers l'éternité.

« Au bout de quelques jours, reprend Perpétue, le bruit ayant couru que nous allions être interrogés, je vis arriver mon père : la douleur était peinte sur son visage ; un chagrin mortel le consumait. Il vint à moi : « — Ma fille, me dit-il, ayez pitié de la « vieillesse de votre père, si du moins je mérite d'être appelé « votre père. S'il vous reste encore quelque souvenir des soins « si tendres et si particuliers que j'ai pris de votre éducation; s'il « est vrai que l'extrême amour que j'ai eu pour vous m'a fait « vous préférer à tous vos frères, ne soyez pas cause que je « devienne l'opprobre de toute une ville. Que la vue de vos frères « vous touche; jetez les yeux sur votre mère, sur la mère de « votre mari, sur votre enfant qui ne pourra vivre si vous mou-« rez. Rabattez quelque chose de ce courage fier; rendez-vous « un peu plus traitable et ne nous exposez pas tous à une honte « inévitable. Qui de nous osera paraître, si vous finissez vos « jours par la main d'un bourreau? Sauvez-vous pour ne pas nous « perdre tous. »

« En disant cela, il me baisait les mains ; puis, se jetant à mes pieds tout en larmes, il m'appelait Madame. J'avoue que j'étais pénétrée d'une vive douleur lorsque je considérais que mon père

serait le seul qui ne tirerait aucun avantage de ma mort. Je
tâchai donc de le consoler le mieux que je pus. « — Mon père,
« lui dis-je, ne vous affligez point tant ; il n'arrivera de tout ceci
« que ce qu'il plaira à Dieu. Nous ne dépendons pas de nous-
« mêmes, mais de sa volonté. » Mon père se retira avec une
tristesse et dans un abattement inconcevables.

« Un jour, comme nous dînions, on vint tout d'un coup nous
enlever pour subir l'interrogatoire. Le bruit s'en étant répandu
aussitôt par toute la ville, la salle de l'audience fut en un instant
remplie de peuple. On nous fit monter sur une espèce de théâtre
où le juge avait son tribunal. Tous ceux qui répondirent avant
moi confessèrent hautement Jésus-Christ. Lorsque ce fut à mon
tour et comme je me préparais à répondre, voilà mon père qui
paraît, faisant porter mon enfant par un domestique. Il m'éloigna
un peu du pied du tribunal, et mettant en usage les conjurations
les plus pressantes : « — Serez-vous, me disait-il, insensible aux
« malheurs qui menacent cette innocente créature à qui vous
« avez donné la vie ? » Alors le président, nommé Hilarien, qui
avait succédé au proconsul Minuce Timinien, mort depuis peu de
temps, se joignant à mon père : « — Quoi ! me dit-il, les cheveux
« blancs d'un père que vous allez rendre malheureux, et l'inno-
« cence de cet enfant qui va devenir orphelin par votre mort,
« ne sont pas capables de vous toucher ? Sacrifiez seulement pour
« la santé des empereurs. » Je répondis : « — Je ne sacrifierai
« point. » Hilarien reprit : « — Vous êtes donc chrétienne ? »
« — Oui, je le suis, répondis-je. » Cependant mon père, qui,
espérant toujours me gagner, était resté là, reçut un coup de
baguette d'un huissier, à qui Hilarien avait ordonné de le faire
retirer. Le coup me fut sensible. Je soupirai de voir mon père
traité si indignement à mon occasion, et je plaignis sa malheu-
reuse vieillesse. En même temps, le juge prononça la sentence,
par laquelle nous étions tous condamnés aux bêtes. Après en avoir
ouï la lecture, nous descendîmes du tribunal, et nous reprîmes
gaiement le chemin de la prison. Dès que j'y fus rentrée, j'en-
voyai le diacre Pompone demander mon enfant à mon père, qui

ne voulut point me le rendre, et Dieu permit que l'enfant ne demandât plus à teter et que je ne fusse point incommodée de mon lait. Ainsi je me trouvai l'esprit entièrement libre et sans aucune inquiétude. »

La sainte, après avoir raconté une seconde vision, ajoute :

« Quelques jours s'étant écoulés, celui qui commandait les gardes de la prison [1], s'apercevant que Dieu nous favorisait de plusieurs dons, conçut une si grande estime pour nous, qu'il laissait entrer librement les frères qui venaient nous voir, soit pour nous consoler, soit pour recevoir eux-mêmes de la consolation. Mais, peu de jours avant les spectacles, je vis entrer mon père dans le lieu où nous étions, avec un accablement qu'on ne peut exprimer. Il s'arrachait la barbe, il se jetait contre terre, et y demeurait couché sur le visage, poussant de là des cris et donnant mille malédictions au jour qui l'avait vu naître. Il regrettait d'avoir trop vécu, il appelait sa vieillesse infortunée, en un mot, il disait des choses si tristes et se servait de termes si touchants, qu'il tirait des larmes et faisait fendre le cœur de compassion à ceux qui l'écoutaient. Je mourais de douleur en le voyant dans ce pitoyable état.

« Enfin, la veille des spectacles, j'eus une dernière vision. Il me sembla que le diacre Pompone était venu à la porte de notre prison, qu'il y frappait à grands coups et que j'y étais accourue pour la lui ouvrir. Il était vêtu d'une robe blanche, d'une étoffe fort riche, et qui était bordée d'une infinité de petites grenades d'or. Il me dit : « — Perpétue, nous vous attendons. Ne voulez-« vous pas venir ? » En même temps, il me présenta la main, et nous nous mîmes à marcher par un chemin raboteux et étroit ; enfin, après avoir fait plusieurs tours et détours, nous arrivâmes à l'amphithéâtre, presque hors d'haleine. Pompone me conduisit jusqu'au milieu de la place, et il me dit : « — Ne craignez rien,

---

[1] Il se nommait Prudent et était inspecteur.

« je suis à vous dans un moment et je reviens combattre avec
« vous. » Il part en disant cela, et me laisse. Comme je savais que
je devais être exposée aux bêtes, je ne comprenais pas pourquoi
on différait tant à les lâcher contre moi. Alors il parut un Égyptien extrêmement laid, qui s'avança vers moi avec plusieurs autres
aussi difformes que lui, et il me présenta le combat ; mais en même
temps des jeunes hommes parfaitement bien faits se déclarèrent
pour moi. On m'ôta mes habits, et je sentis que j'avais changé de
sexe, et que j'étais devenu un athlète fort et vigoureux. Ces jeunes
gens, qui s'étaient rangés de mon côté, me frottèrent d'huile,
comme on a accoutumé d'en frotter ceux qui entrent au combat de
la lutte. Mais, comme nous étions sur le point d'en venir aux mains,
un homme d'une mine haute et d'un port majestueux s'approcha
de nous. Il avait une robe de pourpre traînante et formant plusieurs plis ; elle était rattachée avec une agrafe de diamants. Il
tenait une baguette semblable à celle que tiennent les intendants
des jeux, et il portait un rameau vert d'où pendaient des pommes
d'or. Ayant fait faire silence, il dit : « — Si l'Égyptien remporte
« la victoire sur la femme, il lui sera permis de la tuer ; mais, si la
« femme demeure victorieuse de l'Égyptien, elle aura ce rameau
« et ces pommes d'or. » Ayant ainsi parlé, il alla prendre sa place.
Nous nous joignîmes, l'Égyptien et moi, et nous commençâmes
un rude combat. Il faisait tous ses efforts pour me saisir le pied,
afin de me renverser ; ce que j'évitais soigneusement en lui portant
plusieurs coups dans le visage. Je me sentis même comme élevée
en l'air, d'où je frappais mon ennemi avec avantage. Enfin, voyant
que le combat tirait trop en longueur, je joignis mes deux mains
ensemble, en sorte que les doigts étaient entrelacés les uns dans
les autres, et, les laissant tomber à plomb sur la tête de l'Égyptien, je le renversai, lui mettant en même temps le pied sur la tête,
comme pour la lui écraser. Le peuple se mit à battre des mains,
et mes généreux défenseurs joignirent la douceur de leurs chants
aux applaudissements du peuple. Pour moi, je m'avançai vers
l'intendant des jeux, vers cet homme admirable qui avait été le
témoin de ma victoire, pour lui en demander le prix, et je reçus

le rameau aux pommes d'or. En me le donnant, il me baisa et me dit : « — Ma fille, la paix soit toujours avec vous ! » Je sortis de l'amphithéâtre par la porte qui regarde celle qu'on nomme *Sanavivaria*. Là, mon songe finit, et je me réveillai, pensant en moi-même que j'aurais à combattre, non les bêtes de l'amphithéâtre, mais les démons. Ce qui me consola, c'est que la vision qui me prédisait le combat m'assurait en même temps de la victoire.

« J'ai écrit ce qui m'était arrivé jusqu'au jour des spectacles ; si quelqu'un veut continuer le récit de ce qui s'est passé depuis, il peut le faire. »

Sainte Perpétue eut pour compagnons de martyre sainte Félicité, Révocat, Saturnin, Secundule et Sature.

Sainte Félicité était une esclave qui, avec Révocat, appartenait à un maître païen. Elle était enceinte de huit mois, et craignait que sa grossesse ne l'empêchât d'être jetée aux bêtes avec ses compagnons. Par une grâce du ciel, elle fut délivrée quelques jours avant le combat. Mais, au milieu de ses douleurs, elle poussa des gémissements. Ils furent entendus du gardien de la prison, qui lui dit : « — Si maintenant tu pleures pour si peu, que sera-ce donc le jour où tu seras exposée aux bêtes ? » Félicité fit alors cette réponse sublime : « *Modo, ego patior quod patior ; illic autem, alius erit in me qui patietur pro me, quia et ego pro illo passura sum.* Aujourd'hui, c'est moi qui souffre ce que je souffre ; mais, demain, un autre sera en moi qui souffrira pour moi, car moi aussi je souffrirai pour lui. »

Les nobles confesseurs du Christ furent conduits à l'amphithéâtre. Arrivés à la porte, ils refusèrent de vêtir les costumes des prêtres de Saturne et des prêtresses de Cérès ; mais, avant d'être livrés aux bêtes, ils furent passés par les verges. Saturnin et Révocat furent d'abord attaqués par un léopard et ensuite tués par un ours ; tandis que Félicité et Perpétue furent en vain exposées, dans des filets, à la fureur d'une vache sauvage. Il fallut que le fer achevât ces saintes femmes qui, avec Sature, avaient été épargnées par les bêtes.

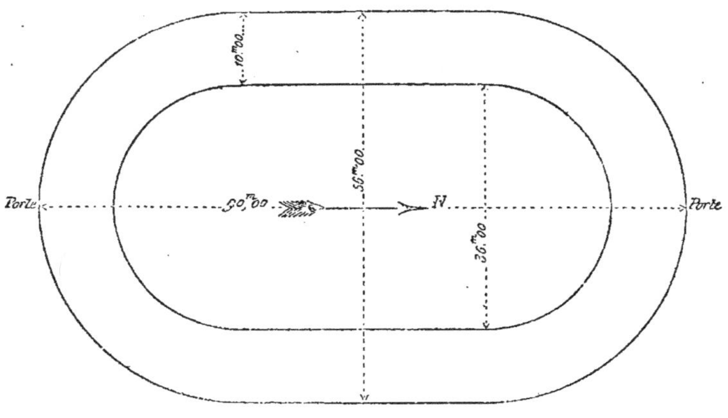

CARTHAGE. — Plan de l'amphithéâtre.

L'amphithéâtre de Carthage est actuellement situé en face de la Malka et contre le chemin de fer de La Goulette à la Marsa. Les ruines en sont encore assez apparentes. Les gradins de marbre ont disparu ; on ne reconnaît plus aucune ouverture, ni la porte Sanavivaria, ni les autres ; mais çà et là existent d'énormes blocs de maçonnerie écroulés sur le pourtour de l'édifice. Il mesure 90 m. de longueur et 36 m. de largeur, sur une profondeur de 12 m. J'en ai retiré un beau chapiteau de l'ordre corinthien, aujourd'hui déposé au musée d'Alger. Le lecteur jugera de l'état présent des lieux par la gravure ci-jointe.

Cet amphithéâtre est d'origine romaine. Au xiii⁰ siècle, l'historien arabe Edrisi l'a vu et nous en a laissé une description. « Cet édifice, dit-il, est de forme circulaire et se compose d'une cinquantaine d'arcades subsistantes. Chacune d'elles embrasse un espace de 23 pieds, ce qui fait 1,150 pieds pour la circonférence totale. Au-dessus de ces arcades s'élèvent cinq autres rangs d'arcades de même forme et de même dimension. Au sommet de chaque arcade est un cintre où se voient diverses figures et représentations curieuses d'hommes, d'animaux et de navires sculptés avec un art infini. »

Depuis le xiii⁰ siècle, l'amphithéâtre a été détruit pierre par pierre, et, au commencement du xix⁰ siècle, il n'en restait plus rien : le fanatisme arabe s'est attaché à détruire, à mutiler toutes les sculptures, et des spéculateurs ont emporté les belles pierres à bâtir fournies par ce monument. Des fouilles cependant pourraient être tentées ; l'archéologie en ferait certainement son profit. Il serait possible de découvrir les portes et le canal qui conduisait les eaux des citernes de la Malka dans l'amphithéâtre changé en naumachie.

Après le martyre de sainte Perpétue et de sainte Félicité, l'Église de Carthage semble avoir eu un repos de cinquante et quelques années. Les persécutions de Maximin (235) et de Dèce (250) n'éclatèrent pas en Afrique.

Sous l'épiscopat de saint Cyprien, l'empereur Valérien, auteur de la huitième persécution (257-258), ordonna de forcer tous les chrétiens de sacrifier aux dieux de l'empire.

Cyprien (Thascius-Cœcilius) naquit à Carthage, d'une famille illustre. Il professait avec éclat la rhétorique, lorsqu'un

CARTHAGE. — Ruines de l'amphithéâtre.

saint prêtre, nommé Cœcilius, que l'Église honore le 3 juin, le convertit en lui montrant l'excellence de la foi du Christ et l'absurdité du paganisme. Ni la colère ni la raillerie des païens n'ébranlèrent la résolution de Cyprien ; il distribua ses biens aux pauvres, et s'adonna à la lecture des livres saints. Bientôt il mérita d'être élevé au sacerdoce, puis à l'épiscopat (247). Cyprien est un des plus grands docteurs de l'antiquité chrétienne, et il semble que Dieu l'ait choisi, dans ces moments de troubles et de persécutions, pour diriger avec fermeté ce troupeau que le fer du bourreau ne put ni disperser ni détacher de son pasteur. Lorsque la persécution de Valérien fut promulguée, Cyprien, instruit par une vision que l'heure de son martyre n'était pas encore arrivée, se réfugia dans un lieu inconnu des persécuteurs, d'où il continua de diriger son Eglise.

Aux fêtes de Pâque de l'an 251, il sortit de sa retraite et rentra à Carthage pour y poursuivre de plus près ses travaux apostoliques. C'est à ce moment qu'il écrivait son *Commentaire sur l'Oraison dominicale*, son *Traité de l'unité de l'Église* et son *Traité des Laps*. En 252, il présida, à Carthage même, un concile de soixante-dix évêques. En 257, le feu de la persécution s'étant rallumé, Cyprien fut relégué dans l'intérieur, à Curubis (aujourd'hui Kourba), à deux milles environ de la mer, entre Kalibia (Clypea) et Nebeul (Neapolis). Dès la première nuit qu'il y passa, il eut une vision qui lui fit comprendre que, au bout d'un an, il aurait la tête tranchée. Onze mois après, on lui permit de quitter Curubis et de venir habiter dans les jardins qui entouraient Carthage. Cyprien, voyant que son heure était proche, attendit avec fermeté le moment de sa passion.

Arrêté sur l'ordre du proconsul Galère-Maxime, il fut conduit au prétoire et Galère lui dit : « — Es-tu Thascius Cyprien ? — Oui, je le suis. — N'est-ce pas toi qui es l'évêque de ces hommes impies et sacriléges qu'on nomme chrétiens ? — Oui, c'est moi. — Les très-religieux empereurs ordonnent que tu sacrifies aux dieux. — Je ne le puis. — Prends du temps pour y réfléchir. — Dans une chose dont la justice est évidente, on a bientôt pris une décision. » Le proconsul, ayant demandé l'avis de son conseil, continua ainsi : « — Il y a longtemps que tu vis sans religion et sans piété, et que tu engages une foule de malheureux à conspirer, avec toi, contre les dieux de l'empire et contre leur culte. Les très-saints empereurs ont fait faire des démarches auprès de toi pour que tu ne reconnaisses point d'autres dieux que ceux qu'ils adorent eux-mêmes ; mais ils n'ont pu l'obtenir. Tu es donc convaincu des crimes les plus abominables, que tu ne t'es pas contenté de commettre seul, mais que tu as encore fait commettre à une infinité d'autres. Ta mort doit servir à rappeler à leur devoir ou du moins à les effrayer, ceux que tu as entraînés, et l'obéissance aux lois doit être rétablie par ton sang. » Galère écrivit ensuite sur des tablettes la sentence ainsi conçue : « Nous condamnons Thascius Cyprien à avoir la tête tranchée. » Le saint répondit : « Dieu en soit loué ! » Les chrétiens s'écrièrent qu'ils voulaient mourir avec lui, et beaucoup le suivirent jusqu'au jardin de Sextius, dans le quartier de Mégara, qui était le lieu du supplice.

Arrivé en cet endroit, Cyprien ôta son manteau, se mit à genoux et fit sa prière. Il se dépouilla ensuite de sa dalmatique, la donna aux diacres qui l'accompagnaient, et ne garda que sa tunique de lin. Il se banda lui-même les yeux, et un

diacre lui lia les mains. Les chrétiens placèrent autour de lui
des linges pour qu'ils fussent trempés de son sang. Il fit
donner vingt-cinq pièces d'or à l'exécuteur et reçut la couronne du martyre, le 14 septembre 258. Son corps, que les
chrétiens accompagnèrent, en portant des flambeaux et en
chantant des hymnes, fut enterré, comme nous l'avons dit,
sur le chemin de Mappale.

CHAPITRE V

SAINTE RESTITUTE, DE BYZERTE. — SAINT NAVILE;
SAINT BONIFACE, SAINTE THÈCLE ET LEURS DOUZE ENFANTS, D'HADRUMÈTE;
SAINTES MAXIMIA, DONATILLA ET SECUNDA, DE TOUBOURBA.
LA MASSE BLANCHE, D'UTIQUE.

Le nombre des martyrs qui ont répandu leur sang pour la glorification de Jésus-Christ dans la Byzacène et dans la Zeugitane, de l'an 198 à l'an 313, est considérable ; mais c'est à peine si les Actes nous ont conservé la vingtième partie de leurs noms glorieux. Je citerai seulement quatre des principaux martyres de la Zeugitane et de la Byzacène.

1. *Sainte Restitute.* — Sainte Restitute était originaire de Hippo-Zaritos (Byzerte). Morcelli dit qu'elle y souffrit le martyre pour sa foi et pour sa chasteté, sous le règne de Dioclétien, Proculus étant alors à Byzerte le légat du proconsul.

N'ayant pu, ni par ses promesses, ni par ses menaces,

ébranler la constance de Restitute, Proculus ordonna qu'elle serait mise dans une barque avec des bourreaux qui, après l'avoir outragée, devaient la brûler et jeter ses cendres dans les flots. Mais, par la volonté de Dieu, une tempête s'éleva tout à coup qui précipita les bourreaux hors de la barque. Restitute, restée seule, s'endormit dans le Seigneur, tandis qu'un vent favorable poussa la barque et le corps de la douce martyre contre les rivages de la Campanie, où Restitute est encore invoquée. Je connais peu de figures aussi gracieuses et aussi touchantes que celle de cette jeune vierge livrée aux hasards des flots et à la brutalité de ses bourreaux, dont Dieu la délivre si miraculeusement.

Byzerte est située à huit heures N.-O. de Tunis ; sainte Restitute n'a pas encore dans cette ville d'église qui porte son nom.

2. *Saint Mavile ; saint Boniface, sainte Thècle et leurs douze enfants.* — Hadrumète, aujourd'hui Sousse, était autrefois métropole de la Byzacène, c'est-à-dire de la région des Emporia ; elle a été illustrée par divers martyres. En 206, Mavile, natif de cette ville, fut jeté, par ordre du proconsul Scapula, aux bêtes de l'amphithéâtre ; c'est lui qui semble avoir ouvert, à Hadrumète, la longue et glorieuse liste des martyrs.

Parmi les confesseurs de Jésus-Christ qui honorèrent Hadrumète, lors de la persécution de Dioclétien, je dois citer saint Boniface, sainte Thècle, son épouse, et leurs douze enfants qui, après la mort de leurs parents, firent abandon de leurs biens pour se consacrer entièrement à la propagation du nom de Jésus-Christ. Un jour que la population d'Hadrumète célébrait les mystères d'Hercule, les douze frères s'élancèrent au milieu du cortége et firent de vives remontrances au prêtre Florentius sur la vanité de ce culte. La foule, ébranléé par cette foi ardente, se déclara chrétienne.

3. *Saintes Maxima, Donatilla et Secunda.* — Maxima et Donatilla, deux sœurs, étaient nées à Tuburbo-Lucernaria, ville aujourd'hui entièrement disparue. Après avoir confessé la foi, elles étaient conduites à travers les rues de la ville, avec toutes sortes de traitements ignominieux, lorsqu'une autre noble fille du nom de Secunda les vit de sa terrasse. Elle descend aussitôt, se joint à Maxima et à Donatilla, et se déclare chrétienne. Ces trois jeunes vierges ne trouvèrent aucune pitié devant le gouverneur Anulinus. Il les fit torturer, brûler à petit feu sur des grils, déchirer par des ongles de fer, etc., sans obtenir d'elles aucune rétractation. Furieux, il les condamna à l'amphithéâtre; mais, les bêtes féroces les ayant épargnées, Anulinus fit trancher la tête à Maxima, à Donatilla et à Secunda.

L'Église d'Afrique les honore aujourd'hui de ses prières.

4. *La Masse Blanche.* — En 258, il y avait, dans les prisons d'Utique, plus de trois cents chrétiens attendant le martyre. Des autels profanes et des victimes égorgées avaient été préparés en dehors des murs de la ville, tandis que les bourreaux avaient creusé une immense fosse remplie de chaux vive où devaient être précipités ceux qui ne voudraient pas sacrifier aux dieux de l'empire. Les chrétiens furent conduits devant ces autels, auprès desquels siégeait le proconsul. Une foule immense entourait l'espace vide et attendait avec curiosité, lorsqu'il se fit un mouvement dans la foule des confesseurs. Tous à la fois, poussant des cris d'allégresse, s'élancent vers le gouffre béant et s'y jettent avec transport.

La chaux vive les dévora en un instant et forma au-dessus d'eux comme un linceul recouvrant cette masse blanche : c'est le nom que l'Église a conservé à ces nombreux martyrs dont elle n'a pu retenir les noms.

Utique est située à quatre heures environ au N.–O. de Tunis ; ses ruines occupent, sur une large colline, un espace considérable que l'on appelle Sidi Bouchateur. Le port militaire, le port marchand et l'amphithéâtre sont encore apparents. Mais l'histoire ne nous a conservé aucun renseignement sur le lieu où fut creusée la fosse de la Masse Blanche. Jusqu'à présent, il n'a été retrouvé à Utique aucun emblème chrétien, ni sur les lampes ni sur les inscriptions. Dans les fouilles que j'ai entreprises, j'ai mis à jour de nombreuses poteries romaines ; toutes appartiennent à l'époque païenne.

J'aurais encore bien des noms à rappeler. Citons les principaux, par ordre chronologique.

En 198, Jocundus, Saturninus et leurs vingt compagnons sont brûlés sur le forum de Carthage. Les douze martyrs scillitains, originaires de Scilla, dans la Byzacène, ont la tête tranchée sur le même forum, l'an 200. Trois ans plus tard, la bienheureuse Guddenes a aussi la tête tranchée à Carthage. En 204, le soldat Pudens, et, en 205, Castus et Émilien endurent les tourments les plus atroces et versent leur sang pour Jésus-Christ. En 207, Rutilus, né à Carthage, est brûlé vif au milieu de la ville avec ses quatorze compagnons.

Rappelons le martyre de Célérinus, diacre de saint Cyprien, en 250, et celui de sa grand'mère Célérina, à laquelle une basilique fut élevée à Carthage. Mentionnons aussi Félicissimus et Rogatus, Mappolicius et ses quatorze compagnons ; Numidicus, Terentius, Lucius, etc., tous mis à mort en haine · du nom chrétien, dans la même ville de Carthage ; Félix de Tibursicumburœ (Téboursouk), envoyé à Rome et martyrisé en 303 ; enfin, les nombreux chrétiens de la Byzacène et de la Zeugitane, condamnés aux mines de Sigus, en Numidie.

CHAPITRE VI

**LA PAIX DE L'ÉGLISE. — TERTULLIEN ET LE TERTULLIANISME
LES DONATISTES ET SAINT AUGUSTIN**

313-429

I. — Par son édit de Milan, promulgué en 313, Constantin rendit la paix à l'Église. Sur toute l'étendue du territoire compris entre Carthage et Gerba, le nombre des évêchés fut augmenté, et des basiliques nouvelles furent élevées à la gloire de Jésus-Christ.

J'emprunte à Morcelli la liste des principaux évêchés des provinces romaines d'Afrique.

I. — ZEUGITANE

Ecclesia Carthaginiensis.
— Clypiensis.
— Curbitana.
— Furnitana.
— Gerbensis.
— Hipponensis Zaritorum.
— Maxulitana.
— Muzuensis.
— Neapolitana.

Ecclesia Scilitana.
— Siccensis.
— Theudalensis.
— Tibursicensis Buræ.
— Tuburbitanorum majorum.
— Tuccensis.
— Tuniensis.
— Uticensis.

II. — NUMIDIE

Ecclesia Bajanensis.
— Matharensis.
— Tabracensis.

Ecclesia Tuggensis.
— Vagensis.
— Zamensis.

III. — BYZACÈNE

Ecclesia Hadrumetina.
— Leptitana.
— Ruspitensis.
— Sufetana.

Ecclesia Sufetulensis.
— Tapsitana.
— Tubulbacensis.

IV. — TRIPOLITAINE

Ecclesia Tacapitana.

Ces 31 diocèses, compris aujourd'hui dans le territoire de la Tunisie, ne représentent qu'une petite partie de l'Église d'Afrique, car il y en eut jusqu'à 128 dans la seule Byzacène. On peut donc supposer que la population chrétienne, avant la venue des Vandales, était, dans ces contrées, de quinze millions au moins.

Quant aux évêques, je donnerai seulement la liste de ceux qui ont gouverné l'Église de Carthage.

AGRIPPINUS, premier évêque connu de Carthage, vivait à la fin du IIᵉ siècle ;
OPTATUS, au commencement du IIIᵉ siècle ;
CYRUS, mort en 224 ;
DONATUS, mort en 248 ;
SAINT CYPRIEN, martyr en 258 ;
CARPOPHORUS, mort en 263 ;
LUCIANUS, mort en 292 ;
MENSURIUS, mort en 311 ;
CÆCILIANUS, mort en 327 ;
RUFUS, mort en 343 ;
GRATUS, mort en 353 ;
RESTITUTUS, mort en 373 ;

GENECLIUS, mort en 391 ;
AURELIUS, mort en 429 ;
CAPREOLUS, mort en 437 ;
QUODVULTDEUS, mort en 444 ;
DEOGRATIAS, mort en 458 ;
EUGENIUS, mort en 505 ;
BONIFACIUS, mort en 535 ;
REPARATUS, mort en 551 ;
PRIMASIUS, mort en 566 ;
PUBLIANUS, mort en 584 ;
DOMINICUS, mort vers 601 ;
FORTUNIUS, déposé en 646 ;
VICTOR, mort en 651 ;
THOMAS, 1054 ;
CYRIACUS, 1076.

L'histoire n'a conservé que les noms de vingt-sept évêques de Carthage. L'obscurité sur les premiers temps du christianisme en Afrique, les persécutions païennes et vandales, la venue des Arabes, etc., sont autant de causes qui expliquent ces interruptions.

A peine remise des persécutions romaines, l'Église d'Afrique commençait à jouir de la paix intérieure, lorsque les Vandales arrivèrent dans la Mauritanie (429) apportant avec eux l'arianisme. Cette erreur fut un nouveau fléau pour des contrées déjà travaillées par la querelle des donatistes. Tertullien et saint Augustin sont les deux grandes figures de cette époque, pendant laquelle on crut un moment que la vérité allait elle-même disparaître sous les débordements de l'hérésie.

II. — Tertullien (Quintus-Septimius-Florens) naquit à Carthage, en 160. Il était fils d'un centenier du proconsul romain. Jusqu'à l'âge de trente-huit ans, il vécut dans le paganisme ; mais la persécution de Septime-Sévère ayant éclaté (199), il fut touché de la foi avec laquelle les martyrs mouraient, et il se fit chrétien. Peu après, il fut élevé au sacerdoce. Il publia successivement l'*Apologétique*, le livre le plus parfait, peut-être, de l'antiquité chrétienne, le traité *Des Spectacles,* le livre *Aux Martyrs*, la *Prescription*, les livres du *Témoignage de l'âme,* de la *Prière,* de l'*Ornement des femmes,* de la *Pénitence*. En 203, Tertullien fut envoyé à Rome par l'évêque Optatus. De ce voyage, il rapporta des germes d'hérésie, et, en 206, il apostasia publiquement. Il devint, par suite, ennemi acharné de cette Église dont il avait été jusqu'alors « le plus impénétrable bouclier », et il embrassa l'erreur de Montan (hérésiarque phrygien du iie siècle) [1]. Bientôt après, il se sépara de cette secte. Cyrus, évêque de Carthage, n'avait pas tardé à retrancher de l'Église Tertullien qui se jeta dans de nouveaux écarts et s'attacha à ridiculiser les martyrs, dont l'héroïsme avait déterminé sa conversion et la production de ses beaux ouvrages.

Ayant abandonné les montanistes, il créa une secte à laquelle il donna son nom. Le tertullianisme ne prit fin qu'à l'époque de saint Augustin. Tertullien mourut en 245, âgé de quatre-vingt-cinq ans, sans avoir donné des marques de retour à la vérité catholique.

III. — A côté des montanistes et des tertullianistes, il convient de placer les donatistes.

Le donatisme prit naissance en Afrique, Mensurius étant évêque de Carthage. En 305, Donat, évêque des Cases Noires (Numidie), accusa Mensurius de montrer trop d'indulgence aux chrétiens qui avaient livré les Saintes Écritures pendant la persécution de Dioclétien. L'évêque de Carthage pensait avec beaucoup de raison que, les hommes étant faibles, il ne fallait pas se montrer trop rigoureux et qu'il valait mieux, pour les sauver, mitiger la rigueur des canons de l'Église. Aussitôt Donat s'éleva contre Mensurius dont il blâma la doctrine, et il trouva des partisans, bien que le concile de

---

1 Montan prétendait être le prophète annoncé par Jésus-Christ ; il refusait à l'Église le pouvoir d'absoudre ; il prescrivait des jeûnes très-rigoureux, défendait de fuir la persécution, interdisait les secondes noces, etc. Cette erreur se répandit jusqu'à Carthage; c'est ce qui donna à Tertullien l'occasion de la connaître et de l'embrasser.

2 Il y eut deux Donat qu'il ne faut pas confondre · Donat, évêque des Cases Noires, auteur du schisme, et Donat, évêque hérétique, lequel succéda à Majorin, évêque donatiste de Carthage.

Cirta (Constantine) eût approuvé la conduite de l'évêque de Carthage (305). Le schisme était désormais créé.

Mensurius étant mort (311), Cécilien lui succéda. Les partisans de Donat ne voulurent pas le reconnaître; ils le déposèrent et le remplacèrent par Majorin. Soixante-dix évêques d'Afrique se déclarèrent pour le schisme, et Carthage eut à la fois deux évêques, l'un légitimement élu, l'autre hérétique et opposé au véritable successeur de saint Cyprien. Le plus grand trouble régna dans la communauté chrétienne d'Afrique. Constantin intervint en désignant le pape Miltiade pour juge de la querelle religieuse née aux Cases Noires. Le concile présidé à Rome par ce pape (313), le concile d'Arles (314) et un édit impérial (316) condamnèrent les donatistes qui se séparèrent de l'Église en proclamant que, puisqu'elle soutenait Cécilien, elle n'était plus dans la vérité. Cette secte étrange se livra à des débordements sans nombre; elle rebaptisa les chrétiens, alléguant que le premier baptème donné par Cécilien et par ses prêtres était nul. Saint Optat et saint Augustin s'élevèrent avec force contre eux et les réduisirent au silence.

Saint Augustin appartient à l'Église de Carthage, où il professa d'abord l'éloquence païenne et où, plus tard, il fit retentir les basiliques des accents de l'éloquence chrétienne.

Il était né en 354, à Tagaste (Souk-Arrhas). Son père, Patrice, était païen; sa mère, sainte Monique, s'efforça, mais longtemps en vain, de le faire entrer dans la voie du salut. Augustin professa l'éloquence à Madaure, à Tagaste, à Carthage, etc., menant une vie dissolue et soutenant avec ardeur l'hérésie manichéenne. La Providence le conduisit à Milan, où il connut saint Ambroise; celui-ci le convertit et le bap-

tisa à l'âge de trente-deux ans. Le néophyte retourna aussitôt
en Afrique, auprès de sa mère, et, peu de temps après, il fut
ordonné prêtre par Valère, évêque d'Hippone, auquel il succéda.

Désormais Augustin ne fut plus occupé que de la prédication et de la défense de l'Église. En 411, il assista, à Carthage,
à une conférence composée d'évêques catholiques et d'evêques
donatistes. Il confondit ces derniers en démontrant victorieusement la vérité des points de la doctrine catholique attaqués par eux. La parole persuasive de saint Augustin et les
ordres sévères de l'empereur Honorius contribuèrent simultanément à mettre fin au donatisme, dont les restes se
perdirent dans l'arianisme, apporté en Afrique par les Van
dales.

CHAPITRE VII

L'Église de Carthage n'avait triomphé des persécutions et des hérésies que pour retomber, à la venue des Vandales, dans de nouvelles épreuves.

Le comte Boniface était depuis quelques années gouverneur de l'Afrique pour l'empereur Valentinien III, lorsqu'une intrigue de palais, ourdie par Aétius, son rival, lui fit concevoir des craintes pour sa position et pour sa vie. Une armée impériale fut, en effet, dirigée contre lui. Boniface, ne songeant qu'à se défendre, appela à son aide les Vandales (429), alors cantonnés en Espagne. Ceux-ci, au nombre de 80,000, vinrent, avec leur roi Genséric, lui apporter le secours de leurs armes. Mais, bientôt désabusé, le comte Boniface, à qui l'empereur avait rendu toute sa confiance, s'unit à Anspar, général commandant les troupes impériales, pour marcher contre les barbares si imprudemment appelés par lui. Les

Vandales avaient traversé la Tingitane et étaient arrivés jusque dans la Mauritanie césarienne, d'où ils ne tardèrent pas
à entrer en Numidie, le fer et le feu à la main. Les églises
furent incendiées, les populations chrétiennes se dispersèrent,
et les évêques n'eurent plus qu'à attendre le moment de mourir
pour Jésus-Christ. Les Vandales battirent l'armée impériale,
s'emparèrent de toutes les provinces romaines de l'Afrique
et vinrent mettre le siége devant Hippone.

Il faut lire, dans Victor de Vite, le récit des persécutions
et des souffrances qu'endurèrent alors les chrétiens. L'arianisme [1], que professaient ces barbares, faisait d'eux des ennemis jurés des catholiques. « Ni l'infirmité du sexe, ni la
considération du rang le plus élevé, ni la révérence due aux
évêques, rien n'apaisait ces hommes brutaux... Les évêques,
les prêtres, les nobles personnages qui tombaient en leurs
mains, ils les chargeaient, ils les accablaient des fardeaux
les plus durs... Leur fureur allait jusqu'à massacrer les petits
enfants qu'ils saisissaient par les pieds et dont ils brisaient
le crâne sur la pierre [2]. » Les maisons particulières, les édifices publics furent pillés, puis démolis ou livrés aux flammes.
C'est le spectacle dont fut affligé saint Augustin qui mourut
pendant le siége d'Hippone (430).

Au milieu de cette époque lamentable, l'historien ne sait
où jeter ses yeux pour les reposer un instant. A Perada,
ville de la Byzacène, l'évêque eut le corps brûlé de fers

---

[1] Arius, prêtre d'Alexandrie d'Égypte (270-336), niait la consubstantialité du Verbe
avec le Père et par suite sa divinité même, et soutenait que Jésus-Christ est une simple
créature tirée du néant, très-inférieure au Père. Cette erreur fut condamnée par les
deux conciles tenus à Alexandrie en 319 et en 321, et par le concile œcuménique de
Nicée (325).

[2] Mgr Dupuch. *Fastes sacrés de l'Afrique chrétienne*, vol. II.

rougis ; et à Furnes, l'évêque Mansuétus fut brûlé vif. Cependant le comte Boniface reçut d'Italie, peu après la mort de saint Augustin, un renfort de troupes, et il marcha au secours d'Hippone ; mais il ne put la délivrer. Cette ville fut prise, pillée, incendiée par les Vandales, et les habitants eurent à peine le temps d'emporter à Carthage les précieux restes de saint Augustin.

Genséric était maître de l'Afrique jusqu'au-dessus d'Hippone ; la Byzacène et la Zeugitane restaient seules au pouvoir des Romains. Capréolus, évêque de Carthage, voyant tous les maux fondre sur son Église, exhorta, en 434, ses ouailles à la prière et à une pénitence solennelle. La même année, le général Anspar fut renvoyé à Carthage par l'empereur Valentinien pour traiter de la paix avec Genséric. Le roi barbare s'engagea à payer un tribut annuel à Valentinien et à lui laisser son fils Hunéric comme otage. La paix conclue, Genséric commença à persécuter les évêques ; puis, ne pouvant les attirer à l'arianisme, il les dépouilla et les chassa de leurs basiliques. De nombreux chrétiens furent martyrisés, comme au temps du paganisme, et il n'est pas d'atrocité ni de crime dont Genséric ne souillât sa cour.

Genséric (439-477).— En 439, Carthage elle-même tomba au pouvoir des Vandales. Ils pillèrent les églises, en firent des casernes, et enlevèrent les vases sacrés pour les employer aux festins du conquérant. Une partie de Carthage fut incendiée. Victor de Vite dit que les théâtres, la Via Cœlestis, le temple de Mémoire, etc., furent entièrement démolis. La basilique ad Majorum, les églises dédiées à sainte Célérine et aux martyrs scillitains furent aussi ruinées jusqu'aux fondements. Celles qui échappèrent à la destruction furent consacrées à l'arianisme. Quodvultdeus, évêque de Carthage, fut exilé ; son clergé et beaucoup de catholiques le suivirent. Les autres évêques de la Byzacène et de la Zeugitane furent exilés à Maxula.

En 451, Genséric rendit contre les catholiques de cruelles ordonnances. Cependant il se laissa un instant toucher par les prières de l'empereur Valentinien : il permit que Deogratias fût sacré évêque de Carthage, et il rendit aux catholiques quelques basiliques. Après quinze ans de silence, dit Victor de Vite, l'église de Faustus, à Carthage, retentit des accents catholiques, et Deogratias fut sacré au milieu de quelques évêques rappelés de l'exil.

Ce n'était qu'une courte période de calme. A son retour de Rome (455), Genséric recommença à persécuter les évêques et leurs troupeaux. Eustratius, évêque de Sufetum, dans la Byzacène, Urbanus de Gerba et Habetdeus de Theudales, dans la Proconsulaire, furent de nouveau exilés.

En 463, la persécution redoubla à Carthage, ainsi que dans les deux provinces comprises entre cette ville et la Tripolitaine. La défaite de la flotte vandale en 464, par Marcellin, gouverneur de Sicile, ne fit que fortifier les mauvaises dispositions de Genséric. Tous les édifices sacrés, à commencer par les basiliques de Carthage, les couvents, les monastères furent détruits, et tous les prêtres proscrits. Cette époque est féconde en martyrs. Je citerai Dagila, épouse d'un officier de Genséric, à Carthage, laquelle endura tous les tourments, la flagellation, l'exposition publique, etc., plutôt que d'apostasier. Je mentionnerai aussi deux jeunes filles vandales qui, avec leur mère, se convertirent au catholicisme, et que ni les cachots ni les supplices ne purent ébranler.

Sur la fin de sa vie, Genséric, préoccupé de l'avenir de sa
dynastie, se relâcha de ses rigueurs. En 475, il accueille
avec honneur Sévère, ambassadeur de l'empereur Zénon,
délivre de l'esclavage un grand nombre de catholiques, permet
de rouvrir les basiliques de Carthage et ordonne à ses gou-
verneurs, en Byzacène et en Zeugitane, de cesser la persécution. Genséric comprenait que ce que l'on fonde sur le
meurtre et la terreur n'a qu'une durée éphémère ; or, ce qu'il
avait le plus à cœur, c'était de laisser à son successeur un
trône solidement affermi. Enfin, après trente-sept ans. de
règne (477), mourut ce farouche conquérant, auquel l'histoire
a reconnu d'ailleurs de grandes qualités.

Hunéric (477-488). — Son fils Hunéric ne cacha pas ses
mauvaises dispositions envers les catholiques. Toutefois,
il réserva ses premières cruautés pour les manichéens, et
consentit, à la prière de l'empereur Zénon, à laisser les
catholiques de Carthage élire un évêque. Le choix tomba
sur Eugène. Hunéric ne tarda pas à persécuter les catholiques. En 483, il fit rassembler, de divers points de la Byzacène
et de la Zeugitane, et conduire, à Colonia Lanium (Zeugitane) et à Sicca Veneria (Numidie), environ 5,000 chrétiens. On les entassa dans d'étroites prisons ; et, après de
longues souffrances, ils furent mené au désert et abandonnés.

Hunéric commanda à tous les évêques catholiques d'avoir
à se réunir à Carthage pour y exposer leur doctrine. Le roi
vandale fit massacrer plusieurs d'entre eux dès leur arrivée,
et mit les autres en présence des évêques ariens. Après des
pourparlers dérisoires et des humiliations infligées aux évêques catholiques, les ariens qui entouraient Hunéric obtinrent

un décret de proscription contre les catholiques dont les églises furent attribuées aux ariens.

Dans une promenade hors des murs de Carthage, Hunéric rencontra tous ces vénérables prélats mourant de faim et apaisant leur soif aux piscines de la Malka. Il les fit charger par sa troupe, et la plupart furent tués. L'Église a conservé mémoire de ce massacre, et elle en honore les victimes sous ce titre : les cinq cents évêques confesseurs. Ceux qui ne furent pas massacrés près des piscines furent envoyés en Corse ou relégués dans l'intérieur des provinces. Eugène, évêque de Carthage, et Habetdeus, évêque de Theudales, furent exilés à Tamallène, ville frontière de la Byzacène, vers le désert. Des commissaires parcoururent les provinces en mettant à mort tout ce qui portait le nom de catholique. Lœtus, évêque de Leptis (Byzacène), fut conduit à Carthage et brûlé vif.

Hunéric, ayant reçu Uranus, que l'empereur Zénon lui envoyait en ambassade, voulut lui donner en spectacle tous les catholiques mutilés et défigurés que l'on put trouver dans Carthage. Ensuite il exila, après les avoir fait passer par les verges, les prêtres, les diacres et les clercs. La fureur des Vandales s'acharna jusque sur les enfants qui ne voulaient pas recevoir un second baptême. A Scibilliba, dans la Proconsulaire, l'évêque Boniface expira au milieu des tourments. Les couvents et les monastères furent donnés aux ariens dans toute l'étendue des possessions du roi vandale.

Après huit années de persécutions, de meurtres et de massacres, Hunéric mourut en 488. Il avait fait périr, dans les supplices, plus de 40,000 catholiques.

Guntamunde (488-496). — Guntamunde, qui succéda à

Hunéric, se montra, dès le commencement de son règne, favorable aux catholiques autant que le lui permirent les évêques ariens. Il leur rendit leurs basiliques, et il rappela de l'exil les évêques et les prêtres de la Byzacène et de la Zeugitane.

A cette époque, l'Église de Carthage vit fleurir le bienheureux Fulgence, né à Leptis en 463, mais originaire de Car-- thage. Malgré l'appui donné par Guntamunde aux catholiques, les Vandales continuèrent à se livrer à des persécutions isolées, et Fulgence se vit, avec l'évêque Faustus, chassé du monastère de Præsidium (490), où il avait été élevé.

Guntamunde mourut après huit ans de règne (496). Il eut pour successeur Trasamunde, son oncle, fils aîné de Genséric.

Trasamunde (496-508). — Répudiant tout à la fois les excès d'Hunéric et la tolérance de Guntamunde, Trasamunde s'occupa, durant tout son règne, de convertir à l'arianisme ses sujets catholiques. Il parvint à en gagner un petit nombre ; la majorité resta insensible à ses séductions. Sur la demande des évêques ariens, il exila dans les Gaules Eugène, évêque de Carthage.

Presque en même temps, Trasamunde envoya au supplice Vindémialis, évêque de Capsa, qui, après avoir été torturé, fut égorgé avec Longinus, évêque de Pamaria (Mauritanie). Bien des chrétiens périrent alors ; mais, parmi tant de confesseurs, l'Église n'a retenu que le nom d'Octavien, archidiacre de Carthage. D'autre part, Fulgence, qui avait un instant quitté l'Afrique, y revint et vécut quelque temps dans les environ d'Utique.

A la même époque, c'est-à-dire en 505, Eugène mourait dans les Gaules, laissant vacant le premier siège épiscopal de l'Afrique. Depuis plusieurs années, Trasamunde avait défendu aux catholiques de réélire les titulaires des évêchés et des paroisses. Touchés de l'état d'abandon spirituel où se trouvaient réduits les catholiques, les quelques évêques restés en Afrique se réunirent en concile, dans la Byzacène, sous la présidence de Victor de Vite, et ils décidèrent qu'il serait pourvu aux siéges vacants. La population nomma ses évêques et ses prêtres. A cette nouvelle, le roi vandale entra en fureur et fit conduire à Carthage Victor de Vite, chargé de fers. La ville de Ruspina (Sfax) venait de choisir Fulgence pour évêque : ce fut dans les chaînes que Victor de Vite, métropolitain de la Byzacène, confirma cette élection (508). Victor de Vite, l'historien de la persécution vandale, était natif de Pérada, dans la Byzacène ; il mourut exilé en Sardaigne.

La réinstallation des évêques sur leurs siéges fut de courte durée, car Trasamunde les envoya en Sardaigne. Fulgence fut du nombre des prélats exilés. Vers 514, Fulgence, bravant la colère vandale, revint à Carthage, où le roi Trasamunde, curieux de discuter théologie avec lui, le laissa séjourner plusieurs mois. Le second Augustin de l'Église d'Afrique mit ce temps à profit en se conciliant la bienveillance du roi par ses écrits et en ramenant à la foi tous les catholiques égarés. Mais les évêques ariens, irrités de la tolérance royale, obtinrent l'exil de Fulgence. En reprenant le chemin de la Sardaigne, il prédit le retour des évêques bannis et la fin de la domination vandale.

Dans les dernières années de Trasamunde, les églises de Carthage furent encore profanées et livrées à la soldatesque, et les prêtres, réduits à servir les Vandales. Trasamunde mourut en 508. Il laissait le trône à Hildéric.

Hildéric (508-532). — Malgré le serment auquel Trasamunde à son lit de mort avait voulu l'enchaîner, Hildéric rappela de Sardaigne les évêques bannis. Fulgence retourna à Ruspina.

Boniface fut élu évêque de Carthage en 523 ; son prédécesseur était mort en 505 ; ce siége était donc resté vacant dix-huit ans. En 525, Boniface convoqua à Carthage et présida un concile auquel assistèrent soixante évêques, réunis dans la basilique de Sainte-Agilée. Il y avait juste un siècle que pareille assemblée n'avait pu se tenir dans la métropole chrétienne de l'Afrique. Les évêques se retirèrent ensuite dans leurs diocèses, où, grâce à l'appui d'Hildéric, ils reconstruisirent les églises et les monastères détruits. Saint Fulgence mourut à Ruspina, en 533, après avoir élevé un monastère dans l'île de Circina (Kerkena). L'année précédente, Hildéric, indulgent aux catholiques, et pour cela détesté des Vandales qui l'accusaient de faiblesse, avait été assassiné dans son palais par Gélimer.

Gélimer (532-534). — Ce prince, dernier roi des Vandales en Afrique, ne put continuer longtemps les atrocités de Genséric et d'Hunéric ; il ne régna que deux ans. Justinien, irrité du traitement infligé par Gélimer à un de ses ambassadeurs, résolut de faire la conquête de l'Afrique. Dans ce dessein, il confia le commandement de son armée à Bélisaire. En 533, ce général aborda sur la côte de la Byzacène, au promontoire appelé autrefois Caput Vada et actuellement Rass Capudia. Après s'être assuré des dispositions de la ville de Sullectum (Salecta), sise un peu au-dessus du promontoire, il remonta avec sa flotte et son armée par Leptis et par Hadrumète ; puis, ayant rencontré Gélimer et son lieutenant sur deux points différents, il les battit; enfin, il entra dans Carthage, d'où les Vandales furent à jamais chassés le 14 septembre 534, jour anniversaire du martyre de saint Cyprien. Le roi déchu se réfugia à Hippone la royale (Bone), dont Bélisaire fit le siége et s'empara. Gélimer fut conduit prisonnier, à Constantinople.

Ainsi finit, après un siècle d'existence, cette formidable puissance vandale sous laquelle l'Église de Carthage souffrit plus, s'il est possible, que pendant les persécutions romaines. La paix était enfin rendue à l'Église d'Afrique. Elle en jouit cent soixante ans, de 534 à 698, c'est-à-dire jusqu'à la destruction définitive de Carthage par les Arabes.

CHAPITRE VIII

DOMINATION BYZANTINE

L'établissement des Byzantins à Carthage permit à l'Église catholique de s'organiser et de jouir enfin d'un repos acheté au prix de tant de douleurs et de tant de souffrances. L'ère des martyrs est close désormais ; aussi l'histoire religieuse devient-elle assez monotone à partir de 534. Heureux, a-t-on dit, les peuples qui n'ont pas d'histoire ! Heureuses, au contraire, les Églises fécondes en récits sur les confesseurs et les martyrs ! Après les persécutions, l'Église jette un plus vif éclat, et, si elle coule des jours tranquilles, elle le doit au sang généreux versé pour Jésus-Christ.

En 534, l'évêque Réparatus, successeur de Boniface, réunit, à Carthage, un concile de deux cent dix-sept évêques, pour fixer divers points de doctrine et de discipline.

Le concile tint ses assemblées dans la basilique de Faustus où reposaient les reliques de plusieurs martyrs. Il envoya à

Rome deux de ses membres, les évêques Caïus et Pierre, accompagnés du diacre Libérat, avec une lettre synodale pour le Saint-Siège. Le pape saint Agapit, qui venait de succéder à Jean II, y répondit le 9 septembre 535, par deux lettres adressées, l'une aux Pères du concile, l'autre à Réparatus. Dans la première, il loue les évêques de l'Église d'Afrique d'avoir recouru, pour la solution de leurs difficultés, à la chaire de celui qui a reçu le pouvoir de lier et de délier. Dans sa lettre à Réparatus, saint Agapit lui rend tous les droits de métropolitain que la méchanceté de ses ennemis avait cherché à lui ravir. C'est pourquoi, en attendant qu'il puisse envoyer des légats, il lui enjoint de notifier à tous les rescrits de la chaire apostolique sur l'observation des canons, afin que personne n'en pût ignorer.

Le même concile députa à Constantinople un diacre nommé Théodore pour demander à l'empereur la restitution des biens et des droits des églises d'Afrique, que les Vandales avaient usurpés. Justinien donna, à cet effet, une loi, du 1ᵉʳ août 535, adressée à Salomon, préfet du prétoire d'Afrique, qui porte que toutes les terres usurpées sur les églises d'Afrique leur seront restituées, à condition qu'elles paieront les tributs, et que l'on rendra aussi les maisons et les ornements des églises; que l'église de Carthage jouira de tous les droits accordés par les lois précédentes aux églises métropolitaines, et qu'il ne sera permis ni aux ariens, ni aux donatistes de tenir des assemblées, d'ordonner des évêques ou des clercs, de baptiser et de pervertir personne, ni d'exercer aucune charge publique.

A la suite de résolutions prises par les évêques dans le concile de 534, l'Afrique fut partagée en quatre provinces ecclésiastiques : 1° la Proconsulaire ou Zeugitane; 2° la Byzacène ; 3° la Numidie ; 4° la Mauritanie, comprenant les deux Mauritanies et la Tripolitaine. Cette division subsista jusqu'à la conquête du nord de l'Afrique par les Arabes.

Je n'ai pas à faire le récit des guerres fréquentes soutenues par les Byzantins contre les Maures indigènes, de 534 à 647. Salomon, gouverneur de Carthage, le patrice Germain, neveu de Justinien, Sergius, neveu de Salomon, le sénateur Ariobinde et Jean Troglodita, stratége d'Afrique (548), luttent tour à tour avec succès contre les Maures. Cependant rien ne pouvait les réduire, et, après chaque défaite, ils se dérobaient aux coups pour revenir à l'improviste.

L'empereur Justinien éleva une église à la sainte Vierge, dans son palais de Byrsa, et une autre, dans la ville même de Carthage, sous le vocable de sainte Prime. Dans la même ville, il construisit un monastère. Il bâtit à Lepsis cinq églises dont la plus belle était dédiée à la sainte Vierge. De son côté, le préfet Salomon construisit, contre le port de Carthage appelé alors Mandracium, un couvent fortifié qui reçut son nom. Dans la Byzacène et dans la Zeugitane, des églises et des couvents furent élevés en grand nombre.

Primasius succéda à Réparatus sur le sié   épiscopal de Carthage (551); puis, vinrent Publianus (566) et Dominicus (584). Ce dernier prélat réunit, en 594, à Carthage, contre les donatistes, un synode dont il envoya les actes au pape saint Grégoire le Grand. Il mourut vers l'an 604. L'histoire n'a pas conservé les noms des successeurs immédiats de Dominicus. On retrouve, en 630, le siége de Carthage occupé par l'évêque Fortunius, qui embrassa quelques années plus tard l'hérésie des monothélites. Les évêques de la province de Carthage élurent Victor à sa place, en 646. Ce pontife déploya une grande activité pour réprimer l'hérésie et mérita d'être loué par le pape saint Martin Ier pour son zèle, sa science et son humilité. Il assista pour ainsi dire au naufrage de l'Église d'Afrique, car les flots de l'invasion arabe, qui s'avançaient de plus en plus, ne tardèrent pas à ébranler les murs mêmes de Carthage (649).

Ici se termine la première partie de cet essai sur l'histoire religieuse de la Tunisie et spécialement de Carthage chrétienne. La seconde partie aura trait à l'existence des chrétiens depuis l'arrivée des Arabes jusqu'à nos jours.

SECONDE PARTIE

LES CHRÉTIENS EN TUNISIE

CHAPITRE PREMIER

INVASIONS ARABES

648-698

Plus on avance dans les recherches historiques sur le
christianisme en Afrique, plus la tâche devient ardue, faute
de documents précis. L'histoire des premiers martyrs d'Afrique
est difficile à reconstituer, un grand nombre d'Actes ayant été
brûlés par l'ordre des empereurs romains. Les époques de
saint Cyprien et de saint Augustin, ainsi que les persécutions
vandales, sont éclairées d'une vive lumière; mais l'obscurité
se fait de nouveau au milieu du VIIᵉ siècle. Les armées musulmanes, sorties de l'Arabie, le Coran d'une main, le glaive
de l'autre, s'avancent peu à peu vers l'Afrique septentrionale.

C'est le commencement d'une nouvelle période de persécutions.

En 641 (21e année de l'hégire), Amrou el Assri s'empare de
l'Égypte. La même année, Okba pénètre dans la Pentapcle, où
le christianisme était florissant. Cette première fois, l'atteinte
fut légère ; mais, en 648, une nouvelle expédition arabe marcha
sur la Pentapole, et les chrétiens furent tués ou chassés. Un
petit nombre apostasièrent ; la plupart, restés fidèles, gagnè-
rent l'Italie ou la Grèce ; quelques-uns se réfugièrent à Carthage. Ce dernier refuge ne devait les protéger que peu de
temps. Aussitôt après la prise de Tripoli (648), Abdallah
ben Saad s'avance vers le sud de la Byzacène, et soumet la
ville de Tacape (Gabès). Maître de ce port important, il y
établit le centre d'une première occupation. Après s'être
fortifié sur la côte, Abdallah ben Saad se dirigea contre
Suffetula (aujourd'hui Sbitla), ville située dans l'ouest de la
Byzacène. Il voulait s'assurer de la conquête de toute cette
province avant d'attaquer Carthage. Le patrice Grégoire,
gouverneur de la Byzacène, se porta à la rencontre du conquérant arabe. Il fut battu et se retira à Hadrumète (Sousse).
Abdallah soumit à la loi de l'islam tout le pays conquis : la
persécution des mahométans succéda à la persécution des
Vandales.

Le pouvoir central, placé à Byzance, était trop loin des
provinces menacées ; aussi laissa-t-il achever par les Arabes
l'œuvre de destruction religieuse commencée, depuis près de
cent ans, par les tribus maures de l'intérieur. Un certain
Djenaha reçut le gouvernement de la partie de la Byzacène
conquise, et Abdallah retourna en Égypte.

Le christianisme se réfugia dans les villes du littoral,

principalement à Carthage. De 648 à 662, il jouit d'une tranquillité relative ; mais, en 662, Okba, barbier du Prophète, envahit la partie de la Byzacène restée intacte, pénétra jusqu'à la ville moderne de Kaïrouan, et rentra peu après en Égypte. Cette campagne ne fut, à proprement parler, qu'une immense razzia, pendant laquelle les chrétiens furent refoulés vers le nord, convertis de force ou massacrés. Okba ne marqua son passage par aucune conquête durable. Le souvenir de ce barbier conquérant est encore vivant chez les populations musulmanes de la Tunisie. Elles lui élevèrent, dès le commencement de la conquête et après sa mort, une mosquée à Kaïrouan même. C'est là que son corps est enterré. Aujourd'hui Kaïrouan est une ville sainte d'où les chrétiens sont exclus ; les musulmans y tolèrent à peine la présence de quelques juifs.

Quatre ans plus tard (666), Mohavia ben Khodeïdj el Kendi pénètre à son tour en Byzacène et franchit bientôt la limite marquée par les conquêtes de ses prédécesseurs. Hadrumète est prise par Abdallah ben Zoheïr ; de son côté, Abdul Maleck ben Mervan, lieutenant de Mohavia, s'empare d'une ville que les historiens arabes appellent Djeloula et que je serais tenté d'assimiler à la Mehedia. Cette fois comme toujours, les troupes byzantines n'opposent qu'une faible résistance ; elles fuient devant le cimeterre, et aucun secours n'est envoyé ni d'Italie ni de Constantinople. L'année 666 marque la conquête définitive de la province d'Afrique. Le Coran est partout imposé aux populations chrétiennes, parmi lesquelles la peur et l'intérêt occasionnent de trop nombreuses défections. La première ardeur de prosélytisme et de carnage passée, les Arabes comprirent que, s'ils ne voulaient pas posséder des provinces dépeuplées, il convenait d'y tolérer la présence des chrétiens. Aux maîtres nouveaux il fallait bien des harems et des esclaves. Là est tout le secret de la tolérance mahométane, si souvent vantée par des gens qui ne connaissent ni l'Orient, ni le fanatisme méprisant des sectateurs du Coran.

En 668, Okba ben Nafé pousse la conquête arabe jusqu'au nord de la Zeugitane. Il occupe l'île de Gerba, et Hippo-Zaritos (Byzerte) tombe en son pouvoir. En 671, le calife d'Afrique fait, de la ville de Kaïrouan, la capitale de la nouvelle province musulmane. Les chrétiens sont peu à peu chassés des villes du littoral et refoulés vers le nord-est, où ils conservent encore quelques possessions. Dinar Aboul Mohadjem, successeur d'Okba, conquiert, en 672, la presqu'île du cap Bon *(Hermœum promontorium)*. Battus partout, les chrétiens n'ont plus de refuge qu'à Carthage même : la Byzacène, la Zeugitane et une partie de la Numidie sont acquises aux musulmans, qui pressent les « Nazaréens » entre eux et la mer. La lutte dura encore seize années, pendant lesquelles Carthage reçut quelques renforts ; les fortifications furent réparées, des vivres furent amenés dans la place, et l'on se prépara à soutenir un suprême assaut contre le croissant. En 698, Hassan ben el Noman s'avança sous les murs de la ville et commença le siége du dernier boulevard du christianisme dans l'Afrique septentrionale. La résistance fut longue, mais inutile. Précédé par le fer et par le feu, Hassan fit son entrée à Carthage. Il poussa son cheval dans la grande basilique et en prit possession au nom du Prophète. Par là, il mettait le sceau à la domination musulmane. Les Arabes avaient employé cinquante ans à conquérir l'ancien territoire punique, de Gabès à Carthage, et de Byzerte au cap Bon.

Le monde occidental assista impassible à la chute de Carthage ; il en sera de même pour la chute de Byzance. Et pourtant, à ces deux époques fatales, les chrétiens auraient pu facilement venir en aide à leurs frères ; en succombant, ces derniers découvraient une partie de l'Europe : c'était la livrer d'avance aux armées musulmanes. On n'aperçut pas alors les terribles conséquences de la prise de Carthage.

Les Arabes convertirent en mosquées un grand nombre d'églises ; celles qu'ils n'occupèrent pas furent détruites en haine de Jésus-Christ. Le fanatisme musulman s'attacha, dans tout le pays, à faire disparaître les signes apparents de la foi. Les croix et les symboles chrétiens furent détruits ; les inscriptions martelées, et les statues brisées. Les conquérants poursuivirent cette œuvre de destruction durant plusieurs siècles ; aussi, à consulter les rares ruines éparses en Tunisie, on serait tenté de croire que le christianisme n'a pas existé dans le pays compris entre Carthage et Gabès.

Un proverbe indigène dit : « Tout ce qui devient arabe est ruine. » En effet, à partir de 698, la population chrétienne diminue rapidement. Dans cette contrée, où l'on comptait, sous les Romains, près de 18 millions d'habitants et 80 villes, il existe aujourd'hui à peine 1,500,000 habitants et 7 ou 8 villes sans importance.

Après la chute de Carthage, le massacre des chrétiens rebelles à l'islam recommença. Beaucoup d'entre eux émigrèrent ; les autres furent réduits en esclavage ou laissés libres de professer un culte pour lequel les conquérants affectèrent, après coup, une certaine tolérance.

Carthage tombée, les Arabes occupèrent la position de Tunis et y établirent le centre de leur domination dans le nord de l'Afrique. Ils abandonnèrent la ville de saint Cyprien à la destruction lente des siècles. L'œuvre, commencée par les armes des conquérants, fut continuée par la pioche des démolisseurs. Aujourd'hui il ne reste rien de Carthage ; on ne voit plus aucune trace de monuments. Tunis, La Goulette, La Marsa, Sidi Bou Saïd ont été construits simultanément avec les pierres de la capitale chrétienne de l'Afrique.

Je bornerai là mes indications sur la conquête musulmane. Laissant les Arabes passer en Sicile (732) et étendre leur domination vers la Mauritanie, je rechercherai quel fut le sort des chrétiens restés sous le joug des vainqueurs de la Byzacène et de la Zeugitane.

Entre la destruction de Carthage par Hassan (698) et l'expédition de saint Louis contre Tunis, sous le règne du roi maure Abou Abdallah Mohammed el Mostanser (1270), il s'écoule environ six cents ans. Pendant cette longue période, l'histoire des chrétiens indigènes demeure couverte d'un voile à peu près impénétrable.

Les ariens de l'Afrique, derniers restes de l'occupation vandale, se fondirent avec les musulmans envahisseurs et devinrent la souche de la race actuelle. La même alliance fut conclue en Bosnie, en 1483, entre les Turcs conquérants et les Bosniaques manichéens. Ces hérétiques, dont la croyance offrait avec le mahométisme des points de contact nombreux, avaient imaginé une religion où le monothéisme n'excluait pas le dualisme du bien et du mal.

CHAPITRE II

DOMINATION ARABE

698-1270

Les *Annales de la Propagation de la Foi* ont attiré, en
1867, l'attention du monde chrétien sur la terre des martyrs
africains [1]. Cette trop courte étude n'a été suivie d'aucune
publication sur l'Église de Carthage pendant la domination
arabe. L'histoire du christianisme en Afrique au moyen âge
n'a pas encore été écrite. Faute de documents suffisants,
il est fort difficile de combler cette lacune. Aussi, ne puis-je
donner qu'une esquisse rapide d'un passé resté jusqu'ici dans
l'ombre.

Les Histoires de l'Église ne fournissent presque pas de
documents sur la période comprise entre 666 et 1073 ; les
historiens arabes que j'ai pu consulter en fournissent moins

---

1 *Annales de la Propagation de la Foi*, t. xxxix, p. 267 289 et 345-358.

encore. Pendant que les dynasties musulmanes et les compétiteurs au pouvoir se succèdent, le sort des chrétiens reste indifférent à tous, et aucun auteur n'en parle.

Sous la domination des Aghlabites, le patrice Constantin, nommé par l'empereur d'Orient au gouvernement de la Sicile, envoya un de ses lieutenants, nommé Phima, tenter une attaque sur la côte d'Afrique (827). Après avoir pillé et ravagé la contrée, Phima fut obligé de reprendre la mer. C'est la première entreprise dirigée par Byzance, depuis la chute de Carthage, contre la domination musulmane. Les chrétiens n'en reçurent aucun secours. Mais, peu après, les Arabes, pour se venger, débarquèrent en Sicile et s'emparèrent de cette île.

Le règne de Ziadet Allah en Tunisie (841) fut une ère de paix. Un de ses successeurs, Abou Isaac Ibrahim, transporta de Kaïrouan à Tunis la capitale du royaume (894). Placés plus près de la mer, les princes arabes de Tunisie augmentent leur flotte et inaugurent l'ère des pirateries si funestes principalement aux chrétiens d'Italie.

En 908, la dynastie des Aghlabites fut violemment remplacée par celle des Fatymites. Celle-ci confia le gouvernement de la Tunisie à la famille des Zeyrites.

Sous le règne de Temym, fils de El Moër, il est fait mention, en 1054, d'un évêque de Carthage appelé Thomas. Cyriacus paraît lui avoir succédé en 1076; à partir de cette date, l'histoire n'a conservé le nom d'aucun autre évêque en Tunisie. Ce court renseignement indique que, même à cette époque de troubles, les chrétiens n'avaient pas disparu et qu'ils jouissaient d'une certaine liberté religieuse. On put espérer un moment (1088) que les Normands, victorieux en

Sicile et unis aux Grecs, tenteraient une descente sur Tunis ; mais Temym acheta la paix.

En 1117, Roger, comte de Sicile, attaque sans succès le roi de Tunis, par Gabès. En 1125, les Normands prennent l'île de Gerba, et, en 1148, Roger, devenu roi de Sicile, s'empare de Sfax, de Sousse et de la Mehedia. Il se trouva, par suite d'autres conquêtes, maître du littoral tunisien depuis le cap Bon jusqu'à Gabès. Sur ces entrefaites, Abd el Mouminin, chef de la dynastie des Almohades, quitta le Maroc avec une nombreuse armée et vint au secours du roi Hassan, que les troupes de Roger serraient de près. Les chrétiens furent rejetés en Sicile (1160) ; la dynastie des Zeyrites fut dépossédée, et Abd el Mouminin prit le pouvoir.

En 1172, le roi de Sicile conclut un traité de paix avec le lieutenant almohade à Tunis, et il est permis de croire qu'il y stipula certaines clauses favorables aux chrétiens. C'est, du reste, un sujet auquel je consacrerai un des chapitres de cet Essai. Omar Abou-Hafs, chef de la dynastie des Hafsides, supplanta les Almohades en Tunisie ; ses successeurs prirent le titre de roi qu'ils conservèrent jusqu'en 1535.

CHAPITRE III

CROISADE DE SAINT LOUIS

1270

Mohammed el Mostanser Billah, un des successeurs d'Omar
Abou Hafs, monta sur le trône en 1249. Les historiens pré-
tendent qu'il voulut se faire chrétien, et ils pensent que c'est
à son instigation que saint Louis débarqua, en 1270, sur la
plage de Carthage. « Il y avait eu, disent Geoffroy de Beau-
lieu et Guillaume de Nangis, échange d'ambassadeurs entre
le roi de France et le roi de Tunis. Les envoyés du prince
arabe avaient fait connaître au monarque français que leur
maître désirait vivement recevoir le baptême, si une occasion honnête lui en était offerte et s'il était à l'abri des suites
du mécontentement que sa conversion ferait naître parmi ses
sujets [1]. »

Je connais les musulmans ; j'ai vécu au milieu d'eux, pen-

[1] *Les Saints de l'Algérie*, par Victor Béraud. — Valence, 1857; p. 129.

dant quinze ans, en Asie, en Afrique et en Europe, et je doute que Mohammed el Mostanser Billah ait eu réellement le désir d'embrasser la religion chrétienne. Ou saint Louis fut trompé par de faux rapports ou Mostanser chercha à l'attirer dans un piége.

J'emprunte à l'*Histoire de France* de M. Guizot la page consacrée à la dernière croisade entreprise par le saint roi.

« Toutes les objections, tous les avertissements, toutes les inquiétudes échouèrent devant l'idée fixe et la pieuse passion de Louis ; il partit de Paris le 16 mars 1270, presque déjà malade, mais l'âme contente et probablement seul sans trouble au milieu de ses compagnons. C'était de nouveau à Aigues-Mortes qu'il allait s'embarquer ; tout était encore obscur et incertain dans le plan de l'expédition. Irait-on d'abord en Égypte ou en Palestine, ou à Constantinople ou à Tunis ? On avait négocié à ce sujet avec les Vénitiens et les Génois, sans que rien fût conclu ni assuré. On allait au hasard, se confiant dans la Providence et oubliant qu'elle ne dispense pas l'homme de la prévoyance.

« Arrivé à Aigues-Mortes vers le milieu de mai, Louis n'y trouva rien de réuni, ni de prêt, ni les croisés, ni les vaisseaux ; tout se faisait lentement, incomplétement et en grand désordre. Le 2 juillet 1270 enfin, on mit à la voile, sans que personne sût, sans que le roi dît à personne où l'on allait. Ce fut seulement en Sardaigne, après quatre jours de relâche à Cagliari, que Louis annonça aux principaux de la croisade, réunis à bord de son vaisseau *le Montjoie*, qu'il se dirigeait sur Tunis et que là commencerait leur œuvre chrétienne. Le roi de Tunis (comme on l'appelait alors) Mohammed Mostanser avait parlé depuis quelque temps de son désir de se faire chrétien, s'il pouvait être efficacement protégé contre les séditions de ses sujets. Louis accueillit avec transport la perspective des conversions musulmanes : « — Ah ! s'écria-t-il, si je pouvais voir que « je fusse le compère et le parrain d'un si grand filleul ! »

« Mais, le 17 juillet, lorsque la flotte arriva devant Tunis, l'amiral Florent de Varennes, probablement sans ordre du roi et avec l'irréflexion qui éclatait à chaque pas dans l'entreprise, prit immédiatement possession du port et de quelques navires tunisiens comme d'une conquête, et il fit dire au roi « qu'il n'y avait plus qu'à le soutenir, que le « débarquement de l'armée pouvait s'opérer en toute sécu- « rité. »

« Au bout de quinze jours, après quelques combats entre les croisés et les Tunisiens..., les renforts promis à Louis par son frère Charles d'Anjou, roi de Sicile, n'étaient pas arrivés; les vivres manquaient ; les ardeurs de l'été d'Afrique exerçaient leurs ravages dans l'armée avec tant de rapidité, que bientôt on n'eut plus le temps d'ensevelir les morts : on les jetait pêle-mêle dans le fossé qui entourait le camp, et l'air en était infecté.

« Le 3 août, Louis fut atteint de la fièvre épidémique et obligé de garder le lit sous sa tente. Il demanda des nouvelles de son fils Jean Tristan, comte de Nevers, tombé malade avant lui. On lui avait caché la mort du jeune prince qui venait d'expirer sur le vaisseau, où on l'avait transporté dans l'espoir que l'air de la mer lui serait salutaire. C'était, avec la princesse Isabelle, mariée à Thibaud le Jeune, roi de Navarre, l'enfant chéri de Louis. Il joignit les mains en apprenant sa perte et chercha en silence dans la prière quelque soulagement à sa douleur. Son mal empirait ; il fit appeler son successeur, le prince Philippe, tira de son livre d'Heures des instructions qu'il avait écrites pour lui, de sa main, en français, et les lui remit en l'exhortant à les observer scrupuleusement. Il donna également à sa fille Isabelle, qui était en larmes au pied de son lit, et à son gendre, le roi de Navarre, des écrits qui leur étaient destinés, et il chargea, en outre, Isabelle d'en remettre un autre à sa plus jeune sœur, la princesse Agnès, fiancée du duc de Bourgogne : « — Très-chère fille, dit-il, penses-y « bien ; beaucoup de gens se sont endormis en folle pensée « de péché et le matin ne se sont trouvés en vie. » Comme il venait de satisfaire à ses préoccupations paternelles, on lui annonça, le 24 août, que des envoyés de l'empereur Michel Paléologue avaient débarqué au cap de Carthage, chargés par leur maître de lui demander son intervention auprès de son frère Charles, roi de Sicile, pour le détourner de faire la guerre à l'empire grec naguère rétabli. Louis recueillit ses forces pour les recevoir, dans sa tente, en présence de quelques-uns de ses conseillers, inquiets de la fatigue qu'il s'imposait : « — Je vous promets, si je vis, dit-il « aux envoyés, de concourir, autant que je le pourrai, à ce « que votre maître réclame de moi ; en attendant, je vous « exhorte à avoir patience et bon courage. » Ce fut son dernier acte politique et son dernier souci en affaires du monde. Il ne fut plus occupé que d'effusions pieuses, qui se portaient tantôt sur les espérances de son âme, tantôt sur les intérêts chrétiens qui lui avaient été si chers toute sa vie. Il répétait, à voix basse, ses oraisons accoutumées ; on l'entendait murmurer ces paroles inquiètes : « — Beau sire Dieu, aie merci

« de ce peuple qui demeure ici et le ramène en son pays !
« Qu'il ne tombe pas en la main de ses ennemis et qu'il ne
« soit pas contraint à renier ton nom. » Et, en même temps
qu'il exprimait ainsi un triste retour de sa pensée sur la situation où il laissait son armée et son peuple, il s'écriait de
temps en temps en se soulevant sur son lit : « — Jérusalem !
« Jérusalem ! nous irons à Jérusalem ! » Dans la nuit du
24 au 25 août, il cessa de parler, tout en continuant de se
montrer plein de possession de son intelligence ; il voulut
recevoir l'extrême onction à bas de son lit, étendu sur un
sac grossier, couvert de cendres, avec la croix devant lui; et,
le lundi 25 août 1270, à trois heures du soir, il s'éteignit paisiblement en prononçant ces dernières paroles : « — Père, à
« l'exemple du divin Maître, je remets mon esprit en tes
« mains[1]. »

L'emplacement sur lequel saint Louis a rendu son âme
à Dieu n'a été précisé par aucun historien. On sait seulement
qu'il débarqua sur la plage de Carthage et que, aussitôt
après, ses troupes prirent le « chastel de Carthage ». J'ai
étudié soigneusement le terrain, et j'ai tout lieu de croire que
le *Montjoie* vint aborder en face des ruines du théâtre, tout
près des citernes du bord de la mer. Joinville dit en effet que
l'armée souffrit d'abord de la soif, mais que, une citerne voisine
ayant été prise, il y eut à boire pour tout le monde. Alors,
comme à présent, il n'y avait pas d'autre réservoir d'eau que
les citernes du bord de la mer, celles de la Malka étant beaucoup plus dans l'intérieur. C'est donc entre les citernes et la
maison moderne de Mustapha Ben Ismaïl que les croisés

Histoire de France, par M. Guizot; t. II. p. 445 et suiv. — Paris, Hachette.

abordèrent. Un débarquement à La Goulette ou à Sidi Bou Saïd les eût mis, à gauche, sur une étroite langue de terre dangereuse à parcourir, et, à droite, au pied de hauteurs escarpées. Quant au château dont parle Guillaume de Nangis, il devait être sur la colline où jadis était le temple de Junon Astarté, ou bien sur la colline de Byrsa. En effet, les croisés ne purent se borner à occuper le rivage ; ils durent s'établir sur la large colline courant parallèlement à la mer et dont les points extrêmes étaient Byrsa, à gauche, et les hauteurs dominant La Marsa, à droite. De cette position, ils apercevaient Tunis, et pouvaient surveiller, dans la plaine qui s'étend sur le côté droit du lac, les mouvements ennemis. Enfin, de cette élévation, ils étaient à même de préparer, au besoin, la défense, l'attaque ou la retraite sur la flotte.

Aussitôt après la mort de Louis IX, les Arabes attaquèrent les croisés. Ceux-ci, étant descendus de la colline de Byrsa, battirent les infidèles et forcèrent le roi de Tunis à demander la paix. Elle lui fut accordée sans difficulté par Philippe le Hardi, et, le 18 octobre 1270, la flotte chrétienne mit à la voile pour la France. Le corps de saint Louis fut ramené et déposé dans la basilique de Saint-Denis ; sa tête fut placée à la Sainte-Chapelle. Les nombreux miracles, opérés par l'intercession du pieux roi, engagèrent le pape Boniface VIII à le canoniser en 1297 . L'Église fête, le 25 août, la commémoration du plus saint et du plus grand roi de France.

CHAPITRE IV

Pendant la croisade de saint Louis, il est peu parlé des chrétiens indigènes de la Barbarie, bien qu'ils fussent relativement nombreux. Les historiens arabes disent que Mohammed el Mostanser possédait dans son armée une légion chrétienne ; ils assurent même qu'il avait une garde personnelle exclusivement composée de chrétiens, ce souverain musulman ayant plus confiance en eux qu'en ses autres sujets. La tradition veut que le quartier de Bab Abd Allah, à Tunis, ait été alors le centre des chrétiens de la province.

Le siége épiscopal de Carthage ne semble pas avoir été occupé après 1076 ; cependant les Maures tolérèrent la profession du christianisme. Deux raisons les engageaient à cette tolérance : d'abord, la nécessité de conserver les chrétiens pour avoir des esclaves et des serviteurs de bas emploi, ensuite, un mépris insouciant pour les religions étrangères.

Cependant, le nombre des chrétiens indigènes diminuant de jour en jour à cause de l'état abject où ils étaient tenus, les Maures eurent l'idée d'aller, en Sicile et en Italie, capturer d'autres chrétiens. La course des pirates tunisiens ayant pris un grand développement, beaucoup de chrétiens furent réduits en esclavage ; quelques-uns apostasièrent, la plupart préférèrent souffrir pour conserver intacte la foi de Jésus-Christ. Du reste, même au commencement de la conquête, les musulmans ne se montrèrent pas absolus touchant les conversions à l'islamisme. Ils ont toujours toléré la présence des chrétiens et des juifs, ne s'inquiétant d'eux que pour les pressurer et les tourmenter. Jamais les sectateurs du Coran n'ont décrété de proscription générale, mais ils ont fréquemment immolé des victimes à leur fanatisme. Aux grands moyens, ils ont préféré les vexations journalières, les avanies, les meurtres partiels, etc. ; le nombre des confesseurs de la foi n'en a pas été moins considérable.

Rien ne révèle mieux l'existence des chrétiens en Tunisie, de 1073 à 1535, que les nombreux tourments endurés par eux. Je vais essayer de soulever le voile qui couvre cette période, en m'aidant des chroniqueurs arabes, des annales de l'Église de Tunis et des traités conclus jusqu'au XVIᵉ siècle par les puissances chrétiennes avec les rois tunisiens.

I. — Dès le XIIᵉ siècle, la piraterie peuple Tunis d'esclaves chrétiens. On voit alors les corsaires parcourir toute la Méditerranée, pénétrer au fond de l'Adriatique, et, passant les colonnes d'Hercule, aller, jusqu'en Islande, à la recherche d'une proie chrétienne.

La Sicile fut la première à souffrir de cette chasse sur mer ; elle fut aussi la première à conclure un traité avec la régence. Profitant des embarras intérieurs de Tunis, Roger, roi de Sicile, occupa la ville de Mehedia, située sur la côte orientale (1148) ; mais il dut l'abandonner devant des forces supérieures.

En 1180, son successeur Guillaume le Bon conclut avec Youssef, roi de Tunis, un premier traité dans lequel il n'est cependant pas fait mention des chrétiens indigènes.

Le traité signé en 1231, entre l'empereur Frédéric II, roi de Sicile, et un prince de la dynastie des Hafsites stipule « le libre échange de part et d'autre des esclaves, hommes, femmes, qui persisteraient dans leur croyance religieuse première, c'est-à-dire les prisonniers qui, en Afrique, resteraient dans le christianisme, et ceux qui, en Sicile ou ailleurs, conserveraient la foi musulmane. — Les marchands de Sicile, de Calabre et d'Apulie devaient être à l'abri, en Afrique, des vexations et exactions qu'y subissaient d'habitude les voyageurs chrétiens. Réciprocité en faveur des marchands musulmans d'Afrique dans les domaines de l'Empereur [1]. »

De 1470 à 1479, les rois de Sicile stipulent avec Tunis diverses conventions de même nature. Depuis cette époque jusqu'à l'expédition de Charles-Quint, on ne trouve plus aucune trace de relations politiques entre les deux pays.

Les autres puissances chrétiennes, telles que Venise, l'Aragon, Majorque, Pise, etc., suivirent l'exemple de la Sicile, et se lièrent avec la Tunisie par divers traités, afin de protéger, en Barbarie, la religion ainsi que le commerce maritime.

Le traité conclu, en 1270, entre « Jaeme, rey d'Arago, de

____

[1] *Annales tunisiennes*, par A. Rousseau ; p 424.

Malorcha e de Valencia, comte de Barcelona e d'Urgel, senyor de Monpelier, e el noble Miramomeni Aboabdille, rey de Tuniz, » dit expressément que les sujets aragonais pourront jouir de toute sécurité dans leurs *fondouks* (caravansérails) de Tunis, y réciter leurs prières et enterrer leurs morts. Et, chose plus explicite, il est stipulé que les sujets aragonais seront traités et respectés, dans les États tunisiens, à l'égal des autres marchands chrétiens, qui y sont fixés, comme par le passé et sans nouveaux droits. Ce paragraphe vise évidemment les chrétiens étrangers et indigènes, par l'entremise desquels les rois barbaresques entamèrent les premières négociations avec les princes chrétiens.

En 1278 et en 1285, les parties contractantes confirment les dispositions du traité de 1270. J'arrive à la convention de 1313, contre-signée par plusieurs témoins chrétiens indigènes et passée entre le roi de Majorque et le roi de Tunis. La sécurité des gens de Majorque établis à Tunis y est garantie avec le droit d'avoir un fondouk et un consul, c'est-à-dire un protecteur des intérêts matériels et religieux. La copie de cet acte a été collationnée par un notaire aragonais et chrétien, Bernardo de Pulcrovicino, résidant alors à Tunis. En 1323, ces stipulations furent confirmées par un nouveau traité.

Les Florentins obtinrent, en 1252, les mêmes priviléges que les Siciliens et les Aragonais.

La république de Gênes, dont le commerce était alors très-étendu, songea à protéger l'existence des chrétiens en Tunisie par des stipulations signées en 1230, en 1250 et en 1272. « Bien que les Génois se fussent associés à l'expédition de saint Louis contre Tunis, puisqu'ils mirent à la disposition des croisés plusieurs de leurs navires, il ne semble pas que leurs rapports commerciaux avec les États du prince tunisien aient été rompus, ni même qu'ils en aient souffert [1]. » Loin de là, la république génoise obtint, entre autres privilèges, que les ventes faites dans les États tunisiens par des Génois à « d'autres chrétiens » seraient exemptes de tous droits et que les chrétiens naviguant sous la protection du pavillon génois participeraient aux mêmes avantages. Les chrétiens indigènes purent dès lors éviter les avanies et les exactions musulmanes.

Quant aux Pisans, ils s'établirent à Tunis et dans l'île de Tabarque dès le XIIᵉ siècle. L'histoire a conservé le souvenir de sept conventions signées par eux avec les rois de Tunis. La convention de 1230 leur assura notamment la faculté de construire, en Tunisie, des églises et des cimetières ; la dernière, celle de 1398, ne fut qu'un résumé des priviléges octroyés précédemment.

Venise a traité quatre fois avec Tunis : en 1251, en 1271, en 1317 et en 1320. Le traité de 1251, aujourd'hui déposé dans les archives de Venise, garantit la possession des fondouks, l'établissement d'un consulat, etc. ; il se tait sur les droits religieux, mais il en est question évidemment à l'article des fondouks dans lesquels les chrétiens des autres nations étaient autorisés à pratiquer librement leur religion.

La trêve de dix ans, signée en octobre 1270 par Philippe III le Hardi, successeur de saint Louis, et le roi de Tunis, El Mostanser, contenait un article particulier aux chrétiens de Tunisie.

Art. III. — Il sera libre aux moines et prêtres chrétiens de

---

[1] *Annales tunisiennes*, p. 419-420.

s'établir dans les États du Commandeur des croyants ; on leur accordera un lieu où ils pourront bâtir des maisons, construire des chapelles et enterrer les morts ; il sera permis aux moines et prêtres de prêcher dans l'enceinte des églises, de réciter à haute voix les prières ; en un mot, de servir Dieu conformément à leurs rites et de faire tout ce qu'ils feraient dans leur propre pays.

Voilà ce que le successeur de saint Louis put obtenir pour faire respecter la religion chrétienne en Tunisie. A aucun des États de la chrétienté il n'avait été encore accordé des priviléges aussi étendus et aussi explicites.

« En outre, ce traité fut déclaré commun à Baudouin II, empereur de Constantinople, à Alphonse, comte de Toulouse, à Guy, comte de Flandre, à Henry, comte de Luxembourg, et à tous les comtes, barons et chevaliers présents [1]. »

II. — Dès le XIIIe siècle, les Ordres religieux joignent leurs efforts à ceux des princes chrétiens pour le triomphe de la foi en Tunisie. L'Ordre des Trinitaires est créé, en 1198, par saint Jean de Matha [2] et par saint Félix de Valois, pour la délivrance des chrétiens captifs chez les infidèles. En 1232, saint Pierre Nolasque [3] fonde l'Ordre de Notre-Dame de la Merci. Ces deux Ordres ont joué un grand rôle pour le rachat des esclaves captifs à Tunis, et c'est à eux surtout que l'on doit la conservation du christianisme dans ces contrées. De 1193

---

1 *Tunis*, par le Dr L. Franck. Collection de l'*Univers pittoresque*, de Firmin Didot, Paris, 1842.

2 Jean de Matha naquit à Faucon en Provence. Sa vocation lui fut révélée par l'apparition d'un ange lui montrant deux captifs, l'un chrétien, l'autre maure. Le pape Innocent III approuva la constitution de l'Ordre de la Très Sainte Trinité pour la rédemption des captifs et donna à Jean de Matha le titre de supérieur général de l'Ordre.

3 Saint Pierre Nolasque naquit en 1189, dans le Lauraguais, près de Carcassonne. L'Église l'honore le 31 janvier.

à 1787, les Trinitaires rachetèrent, sur les côtes de Barbarie, 900,000 esclaves ; et les Pères de la Merci, 300,000. Le prix d'un esclave étant en moyenne de 6,000 francs, c'est donc, pour le rachat de 1,200,000 esclaves, 7 milliards 200 millions de francs que l'Europe chrétienne a consacrés, pendant plus de cinq siècles, à la délivrance des malheureux tombés entre les mains des corsaires barbaresques.

Dans deux voyages accomplis en 1202 et en 1210, saint Jean de Matha racheta 230 prisonniers qu'il ramena triomphalement de Tunis à Rome. Deux fois, il envoya à Tunis son compagnon Jean l'Anglais, qui délivra 334 esclaves.

Parfois les Pères de la Merci prenaient les fers des esclaves qu'ils ne pouvaient racheter. Voici une partie du serment prononcé par ces Religieux à leur prise d'habit : « ... *Et in Sarracenorum potestate in pignus, si necesse fuerit ad redemptionem Christi fidelium, detentus manebo.* Je jure de rester esclave entre les mains des Sarrasins comme otage, si cela est nécessaire à la rédemption des fidèles du Christ. »

En 1219, saint François d'Assise envoya à Tunis quelques-uns de ses Religieux pour assister les chrétiens. « Ce furent, dit le chroniqueur, des pèlerins qui ne fondèrent aucun établissement. »

L'année 1247 marque l'assassinat d'un Religieux français nommé le P. Pierre de Saint-Denis ; on ignore à quel Ordre il appartenait.

Tous les rédempteurs d'esclaves chrétiens, venus à Tunis en 1249, furent volés, tués et jetés à la mer.

En 1253, le P. Thibaut était sur le point de partir avec 129 esclaves délivrés, lorsqu'il fut fait prisonnier et brûlé vif; les chrétiens qu'il avait rachetés furent remis en esclavage.

L'état lamentable de cette province attira l'attention du pape Alexandre IV, qui enjoignit, par sa lettre du 27 juin 1256, au supérieur général des Dominicains d'envoyer des missionnaires à Tunis. Cette mission porta promptement des fruits. On lit, en effet, dans une lettre du même pape (15 juillet 1260) adressée à saint Raimond de Pennafort, que les Dominicains envoyés à Tunis convertirent même des musulmans. Les chroniques dominicaines portent à 10,000 le nombre des infidèles qui reçurent alors le baptême.

Peu après, le roi de Tunis témoigna le désir d'embrasser la foi chrétienne. Comme je l'ai exposé plus haut, c'est l'expression de ce désir qui aurait déterminé saint Louis à entreprendre la croisade pendant laquelle il mourut en face de Tunis (1270). Le rédacteur des annales de l'Église de Tunis, M. Pélissier de Reynaud[1], et un historien arabe sont d'accord pour constater que, à cette époque, le nombre des chrétiens était considérable ; tout prouve que la communauté chrétienne indigène survécut aux persécutions ; les traités conclus avec Tunis, ainsi que l'œuvre des Pères de la Merci et des Trinitaires, en sont les preuves les plus convaincantes.

Quelques années après la croisade de saint Louis, le martyrologe s'ouvre de nouveau. En 1284, Pierre du Chemin, Religieux de la Merci, est massacré ; en 1315, les PP. Othon, Jacques et Adolphe, revenant de Tunis avec 320 esclaves, sont repris par les pirates, conduits à Constantinople et empalés. Deux ans plus tard, le P. Alexandre est brûlé vif à Tunis, pendant que le P. Arthaud et 30 autres Pères de la Merci y meurent de faim.

---

1 *Description historique et géographique de la Régence de Tunis.*

Le Vénérable Raymond Lulle, né à Majorque (1235),
vint à Tunis en 1311, après trente ans d'étude de la langue
arabe et de préparation à l'évangélisation des Maures.
« Résolu à essayer ce qu'il pouvait étant seul, pour parvenir
à cette fin, il assembla les plus savants musulmans et leur
dit : « — Je suis bien instruit des preuves de la religion
« chrétienne, et je suis venu auprès de vous pour entendre
« les preuves de l'islamisme, afin de l'embrasser si je trouve
« vos raisons plus fortes que les miennes. » Les musulmans lui ayant apporté les preuves de leur religion, il y
répondit facilement et ajouta : « — Tout homme sage doit
« suivre la croyance qui attribue à Dieu plus de bonté, de
« puissance, de gloire et de perfection et qui met entre la
« cause première et son effet plus d'accord et de conve-
« nance [1]. »

Un siècle durant, le silence se fait sur les vicissitudes du
christianisme en Tunisie. Il faut arriver au milieu du XV⁰ siècle
pour reprendre le cours de ce récit.

Saint Laurent Compani, vingt-unième supérieur général
de la Merci, venu en Tunisie vers 1450, est, peu après son
arrivée, saisi et jeté dans les fers. Il y languit seize années
avec le P. Bozet, commandeur de Toulouse, et il mourut en
1479. De son vivant, il fit plusieurs miracles : il rendit la
vue à un aveugle et délivra d'un démon la fille du roi de
Tunis. Le *Bullarium Ordinis B. M. V. de Mercede*
(Barcinonæ, 1692) contient le récit complet de la vie et des
œuvres de Laurent Compani. D'après ce document, le saint
missionnaire aurait été envoyé deux fois en ambassade par le

[1] *Les Saints de l'Algérie.*

roi de Tunis auprès d'Alphonse V, roi de Naples et d'Aragon. Les miracles de saint Laurent Compani convertirent à la foi chrétienne le roi de Tunis et toute sa famille. Il est difficile de révoquer en doute ce fait avancé par de graves auteurs ; les écrivains arabes sont naturellement muets à ce sujet. Il convient donc d'accepter cette affirmation sans la discuter, tout en déplorant qu'un exemple parti de si haut soit resté stérile. Deux fois les souverains de Tunis ou désirèrent se convertir ou abjurèrent ; cependant, excepté les 10,000 musulmans baptisés par les Dominicains, le reste du peuple continua de professer les erreurs de Mahomet.

Voilà ce que l'Église a tenté, jusqu'à la conquête de Charles-Quint, pour le rachat des chrétiens et pour la glorification de Notre-Seigneur parmi les infidèles. Grâce aux efforts combinés des princes et des Religieux (Trinitaires, Dominicains, Pères de la Merci, etc.), l'existence des chrétiens en Tunisie fut sauvegardée autant que possible ; quelques églises et chapelles furent construites ; de pieux exemples furent donnés. Mais, hélas ! qu'est-ce que cet état languissant comparé avec la splendeur de l'Église de Carthage du ve au viie siècle ? Du moins le flambeau de la foi ne s'est jamais éteint en Tunisie, et il est permis d'entrevoir des jours prochains où il brillera d'un éclat nouveau. La création des Ordres de la T.-S. Trinité et de N.-D. de la Merci fut une faveur spéciale de Dieu qui suscita de nombreux défenseurs de l'Église militante ; la conquête de Charles-Quint mit le sceau matériel aux victoires morales des missionnaires.

On a pas idée aujourd'hui des souffrances qu'enduraient à Tunis les chrétiens captifs.

« Les prisonniers se divisaient en deux classes : la première

comprenait le capitaine et les officiers du bâtiment capturé,
avec leurs femmes et leurs enfants ; cette première classe
était soumise à un travail moins dur que celui des simples
matelots, qu'on vendait publiquement au plus offrant. Les
enfants étaient presque tous envoyés au palais du dey ou aux
maisons des premières familles, et les femmes servaient les
dames maures ou entraient dans les harems. Mais les plus
malheureux étaient ceux qu'on employait aux travaux publics.
Ils étaient nourris de pain grossier, de gruau, d'huile rance et
de quelques olives ; il n'y avait que les plus adroits qui pouvaient, par leur industrie, en travaillant pour leur compte
après le coucher du soleil, se procurer quelquefois une meilleure nourriture et un peu de vin. L'État leur accordait pour
tout vêtement une chemise, une tunique de laine à longues
manches et un manteau... Chaque bagne formait un vaste
édifice distribué en cellules basses et sombres, qui contenaient
chacune de quinze à seize esclaves. Une natte pour quelques-uns et la terre humide pour le plus grand nombre leur
servait de lit... C'était là qu'étaient tenus les esclaves appartenant à l'État... Les esclaves des particuliers étaient généralement assez bien traités, surtout ceux que l'on présumait
rachetables... La vente des esclaves se faisait dans un bazar
appelé *Bezestan* (en persan, acheter, lieu où l'on achète). La
valeur vénale dépendait de l'âge, de la fortune, de la santé, etc.
Le rachat s'accomplissait de trois manières. Il y avait d'abord
la rédemption publique : c'était celle qui se faisait aux
dépens de l'État auquel appartenaient les esclaves. Il y
avait ensuite le rachat par l'entremise des Religieux de la
Merci ; et enfin le rachat direct, effectué par les parents
du captif. La rançon une fois payée, on exigeait diverses

redevances supplémentaires qui doublaient le prix convenu [1]. »

L'Europe a, pendant des siècles, enduré à ses portes ce triste état de choses ; longtemps elle a été impuissante à réprimer la course de la Tunisie. Jusqu'au xvie siècle, elle ne sut se défendre que par quelques traités insuffisants ; et, sans le zèle des missionnaires, les Arabes auraient, dans cette longue et obscure période (1073-1535), effacé en Afrique le nom de chrétien.

---

[1] Extrait de l'*Histoire de l'Algérie*, par Galibert. — Voir le chapitre intitulé *Piraterie.*

CHAPITRE V

Les deux derniers descendants des Beni-Hafs, Rechid et
Mouley Hassan, en appelant tour à tour l'intervention des
Turcs et des Espagnols, mirent fin à leur dynastie qui avait
gouverné la Tunisie pendant trois siècles (1228-1525).

Charles-Quint répondit à l'appel de Mouley Hassan détrôné
par la milice barbaresque, et, pour agir plus efficacement,
il s'associa l'Ordre de Malte, le Saint-Siége, le Portugal et
les Flandres. Il espérait ruiner la puissance des Régences et
délivrer les milliers de chrétiens qui gémissaient dans l'esclavage à Tunis.

Cependant Barberousse (Kheir ed Din), amiral du sultan
Soliman II, avait pénétré précédemment dans Tunis par
surprise et à la faveur du nom de Rechid, le second compé-
titeur. Dès qu'il apprit les immenses préparatifs de la chrétienté, il fortifia La Goulette, le lac et Tunis, fit proclamer

la guerre sainte, et excita le fanatisme turc contre les
« adorateurs de la croix ». En pareille circonstance, les
musulmans déploient l'étendard du Prophète. Ce drapeau
est aujourd'hui déposé à la grande mosquée de Constantinople.
Naguère, nous avons vu les mahométans promener, à travers
la Turquie d'Europe, la tunique de Mahomet afin de ranimer
le zèle de leurs soldats contre les Serbes et les Monténégrins.

Charles-Quint arriva à La Goulette au mois de juin 1535,
avec une flotte de 400 voiles, qui portait de 30,000 à 35,000
hommes commandés par six généraux éprouvés. Les historiens
espagnols disent que l'empereur débarqua sur la plage de
Carthage, entre les citernes du bord de la mer et la maison
actuelle du dey Sidi Mohammed Er Sadok. De là, il s'avança
par la Tœnia, et occupa La Goulette devant laquelle il avait
laissé une partie de ses vaisseaux.

Cette même terre, où saint Louis avait planté sa tente en
1270 et où il mourut, voyait donc, après plus de deux siècles
et demi, d'autres soldats chrétiens accourir, sous les ordres
d'un puissant empereur, à la délivrance des chrétiens esclaves. Cette fois, Dieu permit que le succès le plus complet
couronnât la nouvelle croisade spécialement dirigée contre
Tunis.

Le 14 juillet, La Goulette fut prise. Peu de jours après,
Tunis tombait au pouvoir des Espagnols, grâce à une diversion
des chrétiens esclaves qui brisèrent leurs fers et s'emparèrent
de la citadelle. Mouley Hassan fut replacé sur le trône, et, le
6 août 1535, il signa à La Goulette avec Charles-Quint un
traité portant en substance les points suivants :

En outre, ledit roy de Thunes a traicté et convenu, traicte et
convient pour luy, ses hoirs et successeurs, roys dudit royaulme

de Thunes, que doresenavant à jamois ne se pourront captiver, ne
se detenir en servitude audit royaulme, comme ny pour cause que
ce soit, chrestiens quelconques, hommes, femmes, ny enfants, tant
de l'Empire romain, nations et pays en estant et deppendances,
que des royaulmes, pays et subjetz patrimoniaulx que tient ledit
Sr Empereur et tiendra par cy-après, tant des Espaignes, Naples,
Secille, que d'autres ysles et aussi de tous les pays de la basse
Allemaigne et Bourgoigne, et ceulx de la maison d'Austrice
tenuz par le roi des Romains, frère de Sa Majesté Impériale.

... Item, que icelluy Roy de Thunes permettra, et aussi ses
hoirs et successeurs, (à) tous les chrétiens doiresenavant et à tous -
jours vivre, résider et converser en et par tout ledit royaulme de
Thunes, en sa foi chrestienne, paisiblement et sans moleste, ny
empêchement quelconque, directement ne indirectement ; et que les
églises d'iceux chrestiens, tant de religieulx que autres y estans,
demeurent et soyent entretenues sans contredict ni destourbier,
et en puissent lesdits chrestiens faire, et ediffier et construyre
d'autres, quand bon leur semblera et selon leurs devocions ès
lieux et quartiers où ilz auront leurs maisons et demeurances.

Jamais triomphe n'avait été si complet pour le catholicisme : il semblait n'avoir désormais plus rien à craindre du
retour des pirates et des souverains barbaresques. L'auteur
des annales de l'Église de Tunis dit, à cette occasion, que le
roi d'Espagne trouva et délivra plus de 200,000 chrétiens
esclaves. Quoi qu'il en soit de ce nombre, que de pieux écrivains ont peut-être exagéré en bonne intention, tous les chrétiens résidant en Tunisie furent rendus à la liberté. Pendant
quarante années (1535-1574), ils purent s'établir où ils voulurent, pratiquer leur religion, élever des églises, des cloî-
tres, etc.

La paix conclue, Charles-Quint s'assura des forteresses de
La Goulette et de Tunis, laissa des troupes en quantité suf-

fisante pour la garde de ces places (1,000 hommes et 12 galères), et regagna la Sicile.

Après son départ, les villes de Kaïrouan et de Sousse ne tardèrent pas à se soulever contre Mouley Hassan, dont l'autorité rétablie par les chrétiens semblait méprisable aux musulmans. Averti de ce soulèvement, le vice-roi de Sicile envoya en Afrique le marquis de Terranova (1537). Celui-ci aborda devant Sousse, mais, ayant rencontré des forces supérieures aux siennes, il rentra à Trapani sans avoir rien pu tenter.

Deux ans après (1539), André Doria, amiral génois au service de l'Espagne, vint avec ses vaisseaux le long des côtes tunisiennes ; il réduisit Sousse, Sfax et Monastir, où il plaça une garnison espagnole. Plus tard, ces villes furent tour à tour prises et reprises par les musulmans et par les Espagnols. Ces derniers, soutenant toujours Mouley Hassan, et, conduits par lui, essayèrent sans succès de prendre Kaïrouan, la ville sainte. Après cet échec, Mouley Hassan passa en Europe pour y chercher des renforts ; mais, à son retour en Tunisie, il fut pris et aveuglé par son fils Mouley[1] Hamed, usurpateur du trône.

Mouley Hamed fut lui-même saisi par 1,500 Espagnols envoyés de Naples, et il dut céder le pouvoir à son oncle Mouley Abd el Maleck. Celui-ci régna trente-six jours et fut remplacé par son fils Mouley Mohammed. Mais Mouley Hamed, réfugié dans l'intérieur de la Régence, réunit un parti considérable composé de tous les mécontents ; il prit Monastir, et, ayant grossi le nombre de ses partisans, il mar-

---

[1] Mouley, ou mieux Moula, en arabe, signifie maître, seigneur.

cha sur Tunis. Mouley Mohammed en fut chassé et alla se réfugier à La Goulette sous la protection des canons espagnols.

Cependant peu à peu les musulmans augmentèrent en force. En 1551, Charles-Quint, effrayé de l'autorité prise sur la côte orientale de la Tunisie par un corsaire appelé Dragut [1], envoya une flotte contre lui. La principale place de Dragut, La Mehedia, fut prise, livrée au pillage et confiée à 2,500 Espagnols et à don Alvar. Malheureusement, deux ans après, Charles-Quint abandonna cette place, laissant les chrétiens de la côte orientale de la Tunisie privés de toute protection.

Mouley Hamed, remis sur le trône par les Espagnols, ne tarda pas à être attaqué et battu par Ali pacha, gouverneur d'Alger. Il se réfugia de nouveau à La Goulette pendant qu'Ali pacha prenait Tunis. Ce gouverneur ottoman y rétablit l'autorité de la Porte, y laissa une garnison turque, réputée suffisante, et rentra à Alger (1570).

Trois années durant, les Arabes et les chrétiens combattirent côte à côte pour expulser les Turcs. Leurs efforts furent vains. Philippe II envoya d'Espagne en Tunisie (1573) son frère naturel don Juan d'Autriche avec une flotte et 20,000 hommes. Les Turcs effrayés quittèrent Tunis ; don Juan s'en empara, y mit 4,000 hommes de troupes, et proclama roi de Tunis Mouley Mohammed, qui s'était montré plus docile que son frère Mouley Hamed.

Le sultan Sélim II, inquiet, à son tour, des progrès des Espagnols, dirigea contre eux, en 1574, une flotte comman-

---

1 Originaire d'Anatolie, d'abord lieutenant de Barberousse, puis amiral de la flotte du sultan Sélim. Il fut tué au siége de Malte en 1566.

dée par Sinan pacha. Sinan parut avec ses vaisseaux, d'abord devant Tabarque et La Galipia ; il battit les garnisons espagnoles qui défendaient ces places, et mouilla à La Goulette. Il enleva cette position au prix de grands sacrifices ; Tunis elle-même succomba (3 septembre), malgré l'héroïque défense des chrétiens commandés par le gouverneur espagnol Cerballon. Presque tous les prisonniers non musulmans furent massacrés ; les historiens parlent de 3,000 chrétiens indigènes et de 7,000 soldats espagnols égorgés par les Turcs. 300 captifs à peine furent réservés pour l'esclavage et allèrent repeupler les bagnes si heureusement détruits en 1535.

Sinan pacha ayant rétabli la domination musulmane, tout le fruit de quarante années de luttes contre le croissant fut perdu en un instant. L'esclavage recommença, et plus dur, s'il était possible, qu'auparavant. Le traité imposé par Charles-Quint vainqueur devint lettre morte, la religion chrétienne se trouva sans appui ; l'on vit de nouveau les chrétiens tourmentés et mis en vente comme un vil bétail. L'Espagne ne vengea pas sa défaite et ne fit rien pour soustraire les chrétiens au joug musulman. Sinan pacha laissa à Tunis une garnison de 4,000 hommes qu'il plaça sous l'autorité de 40 deys ; puis il donna le pouvoir suprême à un pacha et rentra à Constantinople avec un grand nombre d'esclaves chrétiens.

Après les défaites des Espagnols, si le christianisme ne disparut pas de la Tunisie, il fut du moins obligé de se cacher et de vivre clandestinement à l'abri d'une tolérance intéressée et vénale. La piraterie reprit son libre essor : les côtes de Sicile, d'Italie, de Provence, etc., furent de nouveau écumées par les forbans tunisiens ; les bagnes se remplirent et l'esclavage fut aggravé.

En 1590, les musulmans, s'étant divisés en deux partis, se massacrèrent mutuellement. Le silence de l'histoire autorise à penser que les chrétiens esclaves ne furent pas atteints.

Au milieu de ces bouleversements intérieurs, l'autorité gouvernementale passa du pacha à l'un des quarante deys.

Le premier dey élu, Ibrahim Rodessli, régna deux ans, puis se retira à La Mecque (1592). Son successeur Moussa suivit son exemple (1593). Sous le règne du troisième dey élu, Othman, bon nombre de Maures, chassés d'Espagne, se réfugièrent à Tunis, où ils apportèrent des sentiments de haine violente contre les chrétiens.

La peste et la famine marquèrent les années 1604 et 1605. Se représente-t-on les souffrances alors endurées par les chrétiens, mourant de faim sous l'étreinte du mal contagieux et privés des secours de la religion? Cependant l'Europe chrétienne ne les oubliait point.

« Au mois d'août 1605, cinq galères de Malte, qui croisaient devant Tunis, se perdirent sur l'île de Zimbre, à 20 kilomètres du cap Bon. Les chevaliers qui les montaient, après avoir froidement envisagé les périls de leur situation, songèrent à se prémunir contre ceux qui ne manqueraient pas de les menacer aussitôt que le gouvernement local aurait avis de leur naufrage. Ils retirèrent donc tout ce qu'ils purent des coques de leurs navires, et se retranchèrent sur la partie la plus élevée de l'île. Quelques pièces de canon, portées à force de bras sur le sommet du grand Zimbre, ajoutèrent à la sécurité qu'ils puisaient dans leur propre courage. C'est dans cette attitude qu'ils attendirent l'ennemi.

« Bientôt les Tunisiens vinrent en foule assaillir cette poignée de chrétiens. L'attaque fut vive, mais la défense fut plus vigoureuse encore, et 300 musulmans payèrent leur témérité de la vie. Cependant la position des chevaliers était fort critique ; aucun avis de leur naufrage n'était parvenu à Malte ; nulle embarcation ne leur restait pour aller dans un port réclamer des secours; et, circonstance plus fâcheuse encore, les vivres allaient leur manquer. Un événement providentiel les sauva au moment où ils désespéraient de sortir de cet îlot stérile. Un navire de commerce, forcé par l'état de la mer de chercher un abri sous le vent de la petite île, vint jeter l'ancre à 5 ou 6 milles de la côte et crut reconnaître, aux signaux qui lui furent faits, qu'on réclamait son assistance. Sur le champ, le capitaine se décida à changer de mouillage et à se rapprocher de l'îlot. Instruit de la nature du service qu'on attendait de lui, il mit ses embarcations à la mer et recueillit à bord tous ceux des chevaliers et des soldats qui purent s'y jeter à la hâte. Aussitôt il reprit la bordée du large et alla débarquer son monde à Palerme.

« Les Tunisiens, furieux de voir échapper une proie qu'ils croyaient déjà tenir, n'en furent que plus résolus à se saisir des malheureux qui n'avaient pas eu le temps de gagner le navire étranger. Une petite division, chargée de troupes tunisiennes, vint mouiller devant Zimbre le lendemain du départ de ce bâtiment. Le débarquement s'opéra cette fois sans difficulté, et le peu de chrétiens qui n'avaient pu suivre leurs frères furent faits prisonniers [1]. »

Savary de Brèves, ambassadeur de France à Constantinople, auquel on doit le récit précédent, aborda à Tunis la même année (1605) avec un envoyé du Grand Seigneur, pour

[1] *Relation du voyage de M. de Brèves en Terre Sainte et dans les États Barbaresques*, par Jacques de Castel; Paris, 1630.

y faire reconnaître l'exécution du traité conclu (1604) entre
Henri IV et le sultan.

Voici les clauses principales de ce traité :

... Le gouvernement et les officiers de Sa Majesté en Provence
entendent aussi que tous les sujets de Sa Majesté qui sont esclaves et retenus par force audit royaume de Tunis, leur soient envoyés et délivrés en même temps, sans restreindre ladite restitution et délivrance à ceux qui ont été pris en juste cause, et
aussi les capitaines.

Que le semblable soit fait pour les marchandises, navires et
autres prises faites par les corsaires dudit royaume de Tunis sur
les sujets du roy, tant provençaux que des autres provinces de
France et spécialement depuis la mort d'Osman dey.

Il y avait trente ans que les chrétiens esclaves en Tunisie
n'avaient reçu aucun allégement, aucun secours des puissances européennes. Henri IV, attentif à protéger le catholicisme qu'il venait d'embrasser, répondit aux vœux les plus
ardents du pape Paul V en entamant avec la Porte des négociations relatives aux chrétiens esclaves en Barbarie. Le
25 juin 1605, le traité, conclu entre le vainqueur d'Ivry et
le sultan, fut lu, au divan de Tunis, en présence de Savary de
Brèves, du consul Honorat Carnier, de l'agha des Janissaires, du représentant du sultan, envoyé de Constantinople, et d'Othman, dey de Tunis. Après des négociations nombreuses et difficiles, de Brèves, qui courut parfois des
dangers sérieux, parvint à faire accepter le traité. En conséquence, il brisa les fers des esclaves chrétiens de Tunis, et
il partit, avec eux, de La Goulette, le 29 août 1605.

Malheureusement l'expulsion des Morisques d'Espagne
(1610) rendit bientôt illusoire le traité de 1604 ; la piraterie

reprit son cours et le nombre des esclaves devint plus grand que jamais.

Dieu réservait à saint Vincent de Paul de combattre l'esclavage plus victorieusement par la charité que les rois n'avaient pu le faire par leurs armes.

Saint Vincent de Paul

CHAPITRE VI

CAPTIVITÉ DE SAINT VINCENT DE PAUL

1605-1607

Saint Vincent de Paul a écrit la relation de sa captivité à Tunis. Malgré sa défense formelle, l'on a conservé ce précieux document. J'en donne ici les parties les plus notables. Elle est écrite d'Avignon, le 24 juillet 1607, à M. de Commet, avocat au présidial d'Acqs (aujourd'hui Dax) [1].

« ... Estant sur le poinct de partir (de Marseille) par terre, je fus persuadé par un gentilhomme avec qui j'estois logé de m'embarquer avec luy jusques à Narbonne, veu la faveur du temps qui estoit; ce que je fis pour plustôt y estre et pour espargner, ou, pour mieux dire, pour n'y jamais estre et tout perdre. Le vent nous feust aussi favorable qu'il faloyt pour nous rendre ce jour à Narbonne qui estoyt faire cinquante

---

1 C'était de Commet le jeune, frère de l'avocat qui avait été le premier protecteur de saint Vincent de Paul. — *Saint Vincent de Paul*, par M. l'abbé Maynard ; t. I, p. 42-43. Paris, 1860.

lieues, si Dieu n'eust permis que trois brigantins turcqs, qui
costoyoient le goulfe de Leon pour atraper les barques qui
venoyent de Beaucaire, où il y avoyt foire, que l'on estime
estre des plus belles de la chrestienté, ne nous eussent
donnez la chasse et attaquez si vivement que, deux ou trois
des nostres estant tuez et tout le reste blessés et mesme moy
qui eus un coup de flèche qui me servira d'horloge tout le
reste de ma vie, n'eussions été contrainctz de nous rendre
à ces felons (et pires que tigres). Les premiers esclats de la
rage desquelz furent de hacher nostre pilote en (cent) mille
pièces, pour avoir perdeu un des principalz des leurs, outre
quatre ou cinq forsatz que les nostres leur tuèrent. Ce faict,
nous enchaînèrent, après nous avoir grossièrement pensez,
poursuivirent leur poincte, faisant mille voleries, donnant
néanmoingt liberté à ceux qui se rendoyent sans combattre,
après les avoir volez; et, enfin, chargez de marchandise, au
bout de sept ou huict jours, prindrene la route de Barbarie,
tanière et spélongue de voleurs sans adveu du Grand Turcq,
où, estant arrivez, ils nous exposèrent en vente avec procès-
verbal de notre capture, qu'ilz disoyent avoir esté faicte
dans un navire espagnol, parce que, sans ce mensonge,
nous aurions esté délivrez par le consul que le roy tient de
là pour rendre libre le commerce aux François. Leur pro-
cedeure à nostre vente feust qu'après qu'ils nous eurent
despouillez tout nudz, ils nous baillèrent à chascun une paire
de brayes, un hocqueton de lin avec une bonete, nous pro-
menèrent par la ville de Thunis, où ils estoyent veneuz pour
nous vendre. Nous ayant faict faire cincq ou six tours par
la ville la chaîne au col, ils nous ramenèrent au bateau, affin
que les marchands vinsent voir qui pouvoyt manger et qui

non, pour monstrer que nos playes n'estoient point mortelles. Ce fait, nous ramenèrent à la place où les marchands nous vindrent visiter tout de mesme que l'on faict à l'achat d'un cheval ou d'un beuf, nous faisant ouvrir la bouche pour visiter nos dents, palpant nos costes, sondant nos playes, et nous faisant cheminer le pas, troter et courir, puis tenir des fardeaux, et puis luter pour voir la force d'un chacun et mile autres sortes de brutalitez.

« Je feus vendeu à un pescheur, qui feust contrainct se deffaire bientost de moy, pour n'avoir rien de si contraire que la mer, et, depuis, par le pescheur à un vieillard medecin spagirique[1], souverain tireur de quintescences, homme fort humain et traictable ; lequel, à ce qu'il me disoyt, avoyt travaillé cinquante ans à la recherche de la pierre philosophalé (et en vain quant à la pierre, mais fort seurement à autres sortes de transmutations des métaux. En foy de quoy, je luy ay veu souvent fondre autant d'or que d'argent ensemble, le metre en petites lamines, et puis metre un lit de quelque poudre, dans un creuset ou vase à fondre des orfèvres, le tenir au feu vingt-quatre heures, puis l'ouvrir et trouver l'argent estre deveneu or ; et plus souvent encore congeler ou fixer l'argent vif en fin argent, qu'il vendoyt pour donner aux pauvres. Mon occupation estoyt de tenir le feu à dix ou douze fourneaux, en quoy, Dieu mercy, je n'avois plus de peine que de plaisir). Il m'aimoyt fort et se plaisoyt fort de me discourir de l'alchimie, et plus de sa loy, à laquelle il faisoyt tous ses efforts de m'atirer, me prometant force richesses et tout son sçavoir. Dieu opera tousiours en moy une

---

[1] *Spagirique, spagirie*, du grec σπάω, extraire, ancien nom de la chimie.

croyance de délivrance par les assidues prières que je luy faisois et à la vierge Marie, par la seule intercession de laquelle je croy fermement avoir esté délivré.

« ... Je feus donc avec ce vieillard despuis le mois de septembre 1605, jusqu'au mois d'aoust prochain, qu'il fust pris et mené au Grand Sultan pour travailler pour luy ; mais en vain, car il mourut de regret par les chemins. Il me laissa à son nepveu, vrai anthropomorphite, qui me revendit tôt après la mort de son oncle, parcequ'il ouyt dire comme monsieur de Breve, ambassadeur pour le roy en Turquie, venoyt avec bonnes et expresses patentes du Grand Turcq, pour recouvrer les esclaves chrestiens. Un renegat de Nice en Savoye, ennemy de nature, m'acheta et m'emmena en son temat, ainsi s'apelle le bien que l'on tient comme metayer du Grand Seigneur : car le peuple n'a rien ; tout est au sultan. Le temat de cestuy-cy estoyt dans la montagne, où le pays est extremement chaud et desert. L'une des trois fames qu'il avoyt, comme grecque chrestienne, mais schismatique (avoyt un bel esprit et m'affectionnoyt fort, et plus à la fin, une naturellement) turque, qui servit d'instrument à la miséricorde de Dieu pour retirer son mari de l'apostasie, le remettre au giron de l'Église et me délivrer de son esclavage. Curieuse qu'elle estoyt de sçavoir nostre façon de vivre, elle me venoyt voir tous les jours aux champs où je fossioys, et après tout, me commanda de chanter louanges à mon Dieu. Le ressouvenir du *Quomodo cantabimus in terra aliena* des enfants d'Israël captifs en Babilone me fist commencer, avec la larme à l'œil, le psaume *Super flumina Babilonis*, et puis le *Salve Regina*, et plusieurs autres choses, en quoy elle print autant de plaisir que la merveille

en feust grande. Elle ne manqua point de dire à son mari
le soir qu'il avoye heu tort de quiter sa religion, qu'elle
estimoyt extremement bonne pour un recit que je lui avoys
faict de nostre Dieu, et quelques louanges que je luy avoys
chanté en sa présence, en quoy, disoyt-elle, elle avoyt eu un
si divin plaisir, qu'elle ne croyoyt poinct que le paradis de ses
pères et celui qu'elle esperoyt un jour fut si glorieux, ni accompagné de tant de joye que le plaisir qu'elle avoyt pendant que je louois mon Dieu, concluant qu'il y avoyt quelque
merveille. Cestre autre Caïphe ou asnesse de Balaam fict par
ses discours que son mari me dit le lendemain, qu'il ne
tenoyt qu'a commodité que nous ne nous sauvissions en
France, mais qu'il y donneroyt tel remede dans peu de temps
que Dieu y seroyt loué. Ce peu de jours furent dix mois qu'il
m'entretinst dans ces vaines, mais à la fin exécutées espérances, au bout desquels nous nous sauvâmes avec un petit es -
quif et nous rendismes le vingt huictième de juing à
Aiguesmortes et, tôt après, en Avignon, où monseigneur le
vice-légat receut publiquement le renegat, avec la larme
à l'œil et le sanglot au gosier, dans l'église de Saint-Pierre, à
l'honneur de Dieu et édification des spectateurs... [1] »

La captivité de saint Vincent de Paul dura près de deux
ans (du 26 ou 27 juillet 1605 au 28 juin 1607). Saint
Vincent parla à peine une ou deux fois de son esclavage en
Tunisie. Il le faisait avec autant de soin que d'humilité; mais
il n'oublia jamais les souffrances endurées par les chrétiens
esclaves. Sa pensée constante fut de secourir ces infortunés.
Dans le chapitre suivant, on verra comment il intéressa à
leur sort la charité chrétienne et le roi de France.

[1] *Saint Vincent de Paul*, par M. l'abbé Maynard ; t. I, p. 36-41.

CHAPITRE VII

LES CAPUCINS PALERMITAINS, GÉNOIS ET ROMAINS. — LES MISSIONNAIRES DE SAINT VINCENT DE PAUL

1624-1667

La mission politique de Savary de Brèves et la captivité de saint Vincent de Paul ont marqué, en Tunisie, une ère nouvelle pour le catholicisme.

Pendant les xive, xve et xvie siècles, la France avait pris peu de part à la répression de la piraterie barbaresque. François Ier, emporté par sa lutte ardente contre Charles-Quint, avait fait alliance avec le sultan, laissant ainsi à son rival la gloire d'intervenir par les armes en faveur des chrétiens de Tunis. Henri IV et Louis XIII se préoccupèrent de la douloureuse situation des chrétiens ; nous avons parlé du traité conclu entre Henri IV et le dey Kara Othman (1604). Les Trinitaires et les Religieux de la Merci, d'autre part, n'avaient cessé, depuis leur fondation, de racheter ou de secourir les captifs ; cependant leur intervention en Tunisie ne fut jamais que temporaire.

« On peut dire que, jusqu'à saint Vincent de Paul, il n'y
avait rien de fixe et d'organisé dans le service religieux de la
Barbarie... A saint Vincent de Paul appartient l'initiative de
l'érection d'un vicariat apostolique qui mit les choses dans un
état normal[1]. » Saint Vincent de Paul, dont l'action fut considérable sur le gouvernement du roi, caressa longtemps le
désir de voir les puissances chrétiennes se liguer pour aller
châtier les Barbaresques et délivrer d'un seul coup les chrétiens captifs. Ses vœux ne devaient être en partie exaucés que
deux siècles plus tard. Toutefois, avec le xviie siècle, appa-
rurent en Tunisie deux éléments nouveaux qui contribuèrent à
faire refleurir le christianisme ; je veux dire la sollicitude
des rois de France pour le sort des chrétiens, et la mission
créée par saint Vincent de Paul. Ces éléments, tous les deux
exclusivement français, se sont prêté un mutuel appui. L'apostolat des fils de saint Vincent de Paul a été aussi efficace,
pour la protection et le rachat des captifs, que l'ont été les
diverses escadres royales envoyées sur les côtes tunisiennes.

Avant d'aller plus loin, je dois dire quelques mots des
établissements des Capucins palermitains, génois et romains
à Tabarque et à Tunis.

Dès 1624, le pape Urbain VIII envoya des Capucins à Tunis.
Sous le nom de « procureurs des esclaves », ces Religieux
devaient assister les chrétiens captifs dans les bagnes et
porter les secours de la religion aux chrétiens indigènes, aux
besoins desquels on n'avait pas pu jusqu'alors pourvoir
régulièrement.

Ces Capucins, originaires de la province de Palerme

---

1 *Saint Vincent de Paul*, t. I, p. 253.

(Sicile), eurent pour premier supérieur le P. Ange, de Conigliano. « Ils furent, dit M. Rousseau, les véritables fondateurs de l'Église actuelle de Tunis. » Des historiens attribuent la venue des Capucins en Tunisie aux sentiments favorables exprimés à Urbain VIII par Mourad, renégat chrétien, originaire de l'île de Corse, devenu le personnage le plus important de la Régence. Un auteur sicilien rapporte au contraire, que, sur la demande du prince Philibert, vice-roi de Sicile, Vulpio, archevêque de Sardaigne, obtint d'Urbain VIII le bref (20 avril 1624) *Ex omnibus charitatis officiis*, autorisant l'envoi de Capucins palermitains à Tunis. Les deux versions sont conciliables, Mourad bey ayant pu faire connaître au pape, par le vice-roi de Sicile, les bonnes dispositions dont il était animé envers les chrétiens. Il ne paraît pas cependant que la population musulmane ait beaucoup partagé les sentiments de Mourad bey. L'année suivante, 1625, un Maltais, du nom de Jean Fontet, fut pris par les pirates de La Goulette : il eut la langue coupée, les jambes et les bras rompus, fut traîné à travers Tunis, attaché à la queue d'un cheval et enfin brûlé vif pour avoir courageusement protesté contre les blasphèmes des musulmans.

En même temps que les Capucins inauguraient leur mission, les rédempteurs d'esclaves continuaient la leur. En 1638 et en 1641, les Trinitaires rachetèrent 76 esclaves. Le P. Pietro Dan, auteur d'une *Histoire de la Barbarie et de ses corsaires* [1], rapporte que, vers cette époque, on comptait à Tunis 7,000 esclaves et 4,150 renégats, parmi lesquels 700 femmes.

En 1636, les Capucins de Palerme furent remplacés par des

[1] Paris, 1649.

Capucins de la province de Gênes. Ces Religieux établirent leur résidence dans l'île de Tabarque, située à 152 kil. N. O. de Tunis, dans le voisinage de La Calle [1]. Une autre version veut que les Capucins de Gênes n'aient pas remplacé immédiatement les Capucins de Palerme établis à Tunis. Cette assertion s'appuie sur le décret pontifical d'autorisation, lequel portait que les Capucins génois administreraient seulement l'île de Tabarque et qu'ils n'empièteraient point sur la terre ferme déjà concédée aux Capucins siciliens.

Tabarque appartenait, en 1636, à la famille princière des Lomellini, originaire de Gênes. Voici comment cette île était tombée en des mains chrétiennes. Les Gênois ayant pris, en 1540, sur les côtes de la Corse, le fameux pirate Dragut, le roi de Tunis leur donna Tabarque en échange du prisonnier. Les Lomellini, auxquels cette île était spécialement concédée, y installèrent d'abord une pêcherie de corail.

Le premier supérieur des Capucins génois s'appelait le P. Alexandre. Il reçut le titre de préfet pour indiquer le caractère permanent de la mission. Les Trinitaires et les Religieux de la Merci faisaient seulement des apparitions irrégulières en Tunisie, et s'en retournaient en Europe avec les esclaves délivrés.

Les Capucins génois établis à Tabarque furent remplacés, en 1652, par des Capucins de la province romaine. Le supérieur de ces nouveaux missionnaires reçut le titre de provicaire apostolique, titre que ses successeurs ont porté jusqu'en 1841. Le premier provicaire fut le P. Charles d'Ancone.

Cependant, l'attention des chevaliers de Malte ne cessait

<hr>

[1] *Annal tunisiennes*, p. 48.

d'être dirigée vers Tunis. Le 24 août 1640, leurs galères se
présentèrent devant La Goulette, incendièrent plusieurs navires et emmenèrent cinq gros bâtiments de la flotte tunisienne.

Enfin, la sollicitude de saint Vincent de Paul n'était pas moins
vive pour ces contrées où il avait enduré l'esclavage. De retour en France, il songea constamment à secourir les chrétiens
captifs ; son vœu le plus ardent était de pouvoir envoyer en
Tunisie des prêtres missionnaires pour fonder des établissements religieux, racheter les esclaves et célébrer régulièrement les saints mystères. Mais « c'était une œuvre d'exécution
difficile, les Turcs ne pouvant souffrir la présence d'un prêtre
chrétien qu'à l'état d'esclave ou de tributaire de leur cupidité.
Vincent se rappela que les traités entre la France et le Grand
Seigneur autorisaient nos rois à entretenir, dans toutes les
villes maritimes dépendantes de la Porte, quelques-uns de
leurs sujets à titre de consuls et ces consuls eux-mêmes à
recevoir un chapelain pour leur usage personnel et le service
religieux de leur maison [1]. » En conséquence, Vincent s'en-
tendit avec Lange de Martin, alors consul de France à Tunis,
et il y envoya (1645), en qualité de chapelain, Louis Guérin,
prêtre du diocèse de Bayeux. Le P. François Francillon
accompagnait ce dernier. Grâce à l'appui pécuniaire que lui
donna la duchesse d'Aiguillon, Vincent put ainsi voir s'accomplir un de ses désirs les plus chers [2].

---

1 *Saint Vincent de Paul*, t. I, p. 254-255.

2 Un peu plus tard, par contrat du 20 mai 1647, la duchesse d'Aiguillon fit don à
saint Vincent de 40,500 livres, dont le revenu devait servir « à entretenir des Religieux à Tunis, à Alger et autres lieux de Barbarie où il y a des chrétiens détenus
esclaves et leur y faire faire les fonctions de ladite mission auxdits esclaves, leur administrer les saints sacrements, et employer le surplus, si aucun y a, en aumônes
auxdits pauvres esclaves. »

A peine débarqué à Tunis, Guérin se donna tout entier aux esclaves. Il établit publiquement dans les bagnes le culte catholique ; il ramena à Dieu un grand nombre de renégats ; il obtint pour les prêtres esclaves la permission de dire la messe ; il put même, assisté des captifs, porter en procession le corps de Notre-Seigneur. Jamais, depuis la chute de l'Église de Carthage, le catholicisme n'avait eu de si beaux jours. Saint Vincent, qui savait admirablement discerner les hommes, avait dit en parlant de Guérin : « — Je n'ai connu personne au monde en qui l'opération de Dieu parût davantage et qui eût plus de grâce à annoncer les vérités de l'Évangile. » En effet, le pieux missionnaire fit tant par la prédication et par l'exemple, qu'il inspira même à des jeunes gens la force de supporter le martyre. Rappellerai-je le courage chrétien de cet adolescent qui mourut sous le bâton plutôt que de ceder à des sollicitations honteuses ? Parlerai-je de cet enfant protestant, enlevé sur les côtes d'Angleterre, conduit à Tunis, et qui, converti au catholicisme, souffrit le martyre sans renier sa foi nouvelle ?

Guérin étendit sa prédication hors de la ville, et parcourut certaines parties de la Régence pour annoncer la parole de Dieu à d'autres malheureux chrétiens. Un des fils du dey Hadj Mohammed, appelé Chéruby, fut converti par Guérin. Aussitôt après sa conversion, ce prince s'enfuit en Espagne ; il y reçut le baptême, et le roi Philippe IV lui donna un bel apanage. Dans une traversée qu'il faisait pour aller à Rome trouver le Saint-Père, il fut pris par des corsaires et ramené à Tunis. Il y conserva toujours dans son cœur la foi chrétienne et se montra compatissant à ses nouveaux coreligionnaires.

Ne pouvant plus suffire à tant de travaux, Guérin demanda

au dey Hadj Mohammed l'autorisation de faire venir un aide :
« — Fais-en venir deux ou trois, » répondit le dey. Guérin
s'adressa donc à saint Vincent de Paul.

Le missionnaire choisi pour seconder Guérin fut Jean Le
Vacher, prêtre né à Écouen (1619) et illustre à jamais par le
supplice inusité que les Algériens lui firent subir en 1683. A
son arrivée à Tunis (22 novembre 1647), il y trouva la peste.

Guérin et Le Vacher se multiplièrent auprès des chrétiens,
et tous deux furent atteints par le mal pestilentiel. Après un
long et glorieux apostolat, Guérin succomba. Le Vacher re-
couvra la santé et continua l'œuvre de son prédécesseur.
Lange de Martin, consul de France, suivit de près Guérin
(1648). Le Vacher, resté seul, fut provisoirement chargé de
la mission et du consulat.

Cependant la duchesse d'Aiguillon, informée de tout le bien
que faisait Jean Le Vacher, obtint du roi d'acheter les deux
consulats de Tunis. Ces charges étaient alors vénales. La
duchesse les offrit à Vincent qui les accepta, Mme d'Aiguillon
ayant agi à son insu. Il voyait en cela, disait-il, une preuve
de la volonté de la Providence. Le dey Hadj Mohammed n'ayant
pas voulu d'autre consul que Le Vacher, Vincent conféra à
ce dernier la charge de consul (1648). A la sollicitation de
Vincent, Le Vacher reçut, en outre, du Saint-Père le titre de
vicaire apostolique. Le supérieur de la mission des Capucins,
qui avait le titre de provicaire, fut soumis à sa juridiction.

En 1652, Le Vacher bénit dans un bagne une chapelle sous
le vocable de Sainte-Croix, et la chapelle du consulat de
France sous celui de Saint-Louis. Ce furent les deux premiers
autels relevés en Tunisie depuis la prise de Carthage par
Hassan (698). La chapelle de Sainte-Croix a disparu ; la

chapelle de Saint-Louis a servi jusqu'en 1860, époque à laquelle le consulat fut transféré du fondouk français à la Marine.

Le Vacher, sentant que le poids des affaires était trop lourd pour un seul homme, demanda à être relevé de ses fonctions de consul. Saint Vincent de Paul y consentit, et choisit pour lui succéder Martin Husson, avocat au parlement de Paris. Le nouveau consul arriva à Tunis vers la fin de 1653.

Le vicaire apostolique consacra dès lors tous ses soins aux esclaves et aux chrétiens. Un jour il fut brusquement exilé de Tunis par un caprice du dey. Il se retira à Bizerte où il convertit nombre de renégats. Un mois après, à la prière de Husson, le dey le rappela. En 1656, la fureur du prince se tourna contre Husson ; celui-ci fut chassé de la Régence, et Jean Le Vacher dut reprendre le consulat dont il géra les intérêts pendant dix ans.

Le 25 novembre 1665, le duc de Beaufort, grand amiral de France, qui venait de battre une escadre algérienne dans les eaux de La Goulette, renouvela les traités précédemment conclus avec le gouvernement de Tunis. Une disposition du nouveau traité stipulait la mise en liberté de tous les esclaves français détenus dans les bagnes [1]. Ce fut le consul de France

---

1 Extrait du traité de 1665. — « Art. 2. — Que tous les esclaves français, qui sont dans la ville de Tunis et toute l'étendue et domination d'icelui royaume, de quelque qualité et condition qu'ils soient, sans en exempter aucuns ; comme aussi tous les esclaves janissaires seulement qui se trouveront être du royaume de Tunis, seront mis en liberté de part et d'autre et rendus de bonne foi. — Art. 15. — Que le consul français résidant dans la ville de Tunis sera honoré et respecté, et aura la prééminence sur tous les autres consuls, et continuera d'avoir dans sa maison un lieu auquel lui et les sujets de sa majesté très-chrétienne puissent exercer librement leur religion, sans que personne leur puisse dire ni faire aucun empêchement, tort ou injure, soit par paroles ou voies de faits ; et pourra ledit consul avoir et entretenir chez lui un prêtre tel qu'il lui plaira, pour desservir sa chapelle, sans que le dey ou divan l'en puissent empêcher. »

qui servit d'intermédiaire entre le dey et le duc de Beaufort.

Ce nouveau service n'empêcha point Le Vacher d'être en butte à la jalousie des négociants de Marseille qui lui enlevèrent son consulat et le firent donner à un sieur Durand. L'intrus ne tarda point à s'apercevoir que cet emploi, loin de rapporter de l'argent, n'avait cessé d'être pour la mission une charge des plus onéreuses. « Jean Le Vacher, dit M. l'abbé Maynard, fut non seulement le dernier consul, mais le dernier missionnaire de la Compagnie en résidence à Tunis. »

A son départ, Le Vacher confia la mission à deux Capucins rachetés par lui. Ce sont, pourrait-on dire, les ancêtres des Capucins actuels. Ces deux Religieux formèrent bientôt après, avec l'autorisation du Saint-Siége (1667), une préfecture apostolique qui resta dépendante du diocèse d'Alger jusqu'en 1842.

CHAPITRE VIII

Le traité de 1665 fut renouvelé par le maréchal d'Estrées,
le 30 août 1685. Il contenait une clause nouvelle fort importante pour les chrétiens de la Tunisie, en plaçant les missionnaires, quelle que fût leur nationalité, sous la protection
immédiate du roi de France. Voici cette clause :

Art. 19. — Les Pères Capucins, et autres Religieux mission-
sionnaires à Tunis, de quelque nation qu'ils puissent être, seront
désormais traités et tenus comme propres sujets de l'empereur de
France, qui les prend en sa protection, et en cette qualité ne
pourront être inquiétés ni en leurs personnes, ni en leurs biens,
ni en leur chapelle, comme propres et véritables sujets de l'empereur de France.

En 1685, le P. Vincent, préfet des Capucins italiens,
établit un missionnaire au Cap Nègre, où la *Compagnie des*

concessions d'Afrique[1] venait d'ouvrir un comptoir. Cette Société, prenant de l'extension, créa des factoreries à Bizerte, à Porto Farina et à Capo Rosso. Peu après, le provicaire apostolique fonda une résidence dans chacune de ces trois stations pour y administrer les catholiques. Capo Rosso, aujourd'hui abandonné, était situé entre La Calle (Algérie) et l'île de Tabarque. Porto Farina (en arabe, Rah el Melah), placé entre Utique et Carthage, a encore aujourd'hui un missionnaire Capucin.

Cette même année, 1685, des Trinitaires se rendirent de Flandre en Tunisie pour le rachat des esclaves. Ils en délivrèrent un grand nombre.

La seconde moitié du xviie siècle fut constamment troublée par des séditions de palais, des révoltes militaires et des guerres avec les Algériens. Le pouvoir souvent contesté des deys fut plus d'une fois impuissant à protéger efficacement les chrétiens, qui durent en grande partie leur salut à la présence d'escadres françaises en croisière devant La Goulette et le long des côtes tunisiennes.

Je ne trouve, vers cette époque, aucun renseignement sur les catholiques des villes du littoral. A propos du voyage de Le Vacher, en 1653, il est parlé incidemment des chrétiens du Bardo et de Bizerte. Il devait exister des chrétiens à Sousse et à Monastir, mais il ne paraît pas qu'il y eût alors des missionnaires dans ces deux villes. En 1694, la victoire ayant conduit les Algériens dans Tunis, les vainqueurs envahirent les bagnes et profanèrent la chapelle de Sainte-Croix.

---

1 La *Compagnie des concessions d'Afrique*, fondée dès 1561 au Bastion de France, transporta plus tard son siége à La Calle, et changea, en 1741, son nom en celui de *Compagnie royale d'Afrique.*

Une peste terrible sévit en 1705. Deux missionnaires, les PP. Parfait et Joseph-Marie, succombèrent l'un après l'autre, victimes de leur charité pour les pestiférés. Dans la ville de Tunis, il mourait plus de 700 personnes par jour.

L'avénement, en 1705, de Hussein ben Ali, fondateur d'une nouvelle dynastie, aujourd'hui encore en possession du pouvoir, mit fin aux troubles politiques de la Régence. Hussein était fils d'un renégat grec. Il s'enrôla fort jeune dans la milice et parvint en peu de temps aux plus hauts grades. Mettant habilement à profit la défaite du dey de Tunis Ibrahim el Chérif, que les Algériens avaient réduit, il réussit à se faire nommer bey [1]. Il sut s'attacher les différents partis, et il leur fit accepter que la dignité beylicale serait désormais héréditaire dans sa famille. Ainsi fut close cette funeste série de révolutions de sérail et de luttes intestines, pendant laquelle l'existence des chrétiens était sans cesse mise en péril. Par un traité, conclu en 1710, Hussein ben Ali, permit aux Trinitaires de Castille de fonder à Tunis un hôpital destiné aux esclaves chrétiens. Les Capucins italiens avaient déjà fondé dans les bagnes divers hospices.

Profitant des bonnes dispositions d'Hussein ben Ali, le cardinal de la Trémouille obtint (1715), par l'intermédiaire de la Propagande, l'autorisation de terminer la chapelle du

---

[1] Depuis la domination turque en Tunisie, c'est-à-dire depuis la prise de Tunis en 1574, par Sinan pacha, lieutenant du sultan Sélim, le chef de la régence a porté successivement les titres de pacha (1574-1590), de dey (1590-1705), et de bey (1705-1878).

Sinan pacha avait, comme nous l'avons vu, laissé à Tunis 4,000 hommes de troupes, divisés en 40 sections ayant chacune un chef qui portait le nom de dey, sous la direction générale d'un pacha. En 1590, un des 40 deys fut élevé à la dignité de chef de l'État, et le pacha n'occupa plus que le deuxième rang. Les beys, chefs militaires, finirent par renverser à leur profit le pouvoir des deys, et, à partir de 1705, le titre de bey désigna le premier chef de l'État.

Bardo. On comptait alors quatre chapelles à Tunis : Saint-Louis, Sainte-Croix, Sainte-Trinité, Saint-François. On ignore aujourd'hui l'emplacement de ces deux derniers sanctuaires.

Depuis le départ de Le Vacher (1667), les Capucins italiens desservaient à Tunis la chapelle du consulat, et ils habitaient dans le fondouk voisin (aujourd'hui appelé fondouk français). En 1724, ils durent quitter ce logis et aller habiter dans le bagne de Sainte-Croix, situé presque en face du consulat. C'est actuellement la douane intérieure de Tunis.

Le préfet apostolique, François, de Modène, avait créé à Bizerte, en 1720, une paroisse ayant juridiction sur celle de Porto Farina ; mais le manque de ressources força, dès 1724, les Capucins à abandonner de nouveau cette mission. Elle fut reprise par eux quelque temps après, la Propagande leur ayant envoyé un subside.

Les moyens d'existence de la mission étaient précaires; ils consistaient presque uniquement dans les aumônes venues d'Europe. A ces aumônes se joignait un droit fixe, perçu sur les vins vendus dans les tavernes chrétiennes. Ce droit avait été librement consenti par les taverniers auxquels les missionnaires prêtaient un pressoir. La gêne devenant de plus en plus grande, les Capucins entreprirent un voyage en Europe (1736) pour recueillir des aumônes.

Informé que la famille Lomellini allait céder Tabarque à la *Compagnie des concessions d'Afrique*, le bey Ali pacha dirigea des forces contre cette île dont il s'empara aisément (1740). La majeure partie de la population chrétienne, composée de près de 1,500 personnes, fut emmenée en esclavage au Bardo. Les habitants qui réussirent à s'échapper, — ils étaient près de cinq cents, — se réfugièrent à La Calle, et

ensuite dans l'île de Saint-Pierre, en Sardaigne. Les chrétiens, conduits au Bardo, furent longtemps employés à creu-
ser un large fossé circulaire et à réparer les murs de cette
petite ville.

L'année 1741 fut marquée par l'exil de tous les chrétiens
génois que le bey chassa de la Régence sans aucune forme de
procès, à la suite de la rupture de ses relations avec Gênes.

Après la prise de Tabarque, Ali pacha fit détruire l'établissement français du Cap Nègre dont la population fut conduite à Tunis, non comme esclave, mais comme prisonnière
de guerre. Pour la première fois, les Maures firent cette différence, qui est à noter. Louis XV envoya aussitôt quelques
navires croiser devant la côte tunisienne (1742). Le capitaine
d'un de ces navires, M. de Saurins, essaya de reprendre
Tabarque ; mais l'entreprise échoua, et il fut emmené en
captivité au Bardo avec 500 soldats. Le 19 novembre de cette
même année 1742, la paix fut conclue entre Tunis et la
France, par M. François Fort, de Marseille, écuyer, commissaire du roi. Outre le règlement des affaires commerciales,
de larges immunités religieuses furent reconnues en faveur des
chrétiens et des missionnaires.

Dix ans plus tard, en 1752, une sédition éclata contre Ali
pacha. Pour récompenser ses troupes de leur fidélité à le
défendre, le bey leur abandonna le pillage des maisons chrétiennes et juives. Le sac dura cinq jours. Les maisons particulières furent dévalisées, et les chapelles profanées ; le couvent des Capucins fut dépouillé, et le consulat de France
assiégé. Les mêmes horreurs se reproduisirent, au mois de
septembre 1756, pendant une dernière révolte qui coûta la
vie à Ali pacha.

A l'avénement d'Ali bey, le 12 février 1759, les chrétiens purent respirer de nouveau. Une escadre française, venue à La Goulette au mois de juillet 1762 et commandée par M. de Bompart, contribua à assurer leur sécurité.

Vers la fin du xviii°siècle, le nombre des esclaves chrétiens diminua considérablement. Il n'y avait, en 1780, guère plus de 2,000 captifs, tandis que, en 1638, l'on en comptait 7,000.

Je citerai, pour mémoire, les traités de 1768, 1770, 1781, 1782, etc.; traités exclusivement commerciaux, qui eurent cependant une influence indirecte sur le sort des chrétiens. Le traité, conclu le 23 février 1802, par M. de Voize, consul général, au nom de la République française, portait que « tout individu d'un pays qui, par conquête ou par traité, aura été réuni aux États de la République française et qui se trouverait captif dans le royaume de Tunis, sera mis en liberté sur la première réquisition du Commissaire de la République(art. 8).» Cette clause ne reçut son exécution qu'avec beaucoup de difficulté.

Ici se place un fait aussi curieux qu'intéressant, dont j'emprunte le récit à l'auteur des *Annales tunisiennes*. « Sur les énergiques représentations de M. de Voize, Hamouda pacha fut contraint, au mois d'avril 1804, de défendre à ses raïs d'inquiéter la marine et les côtes romaines que le premier consul entendait placer désormais sous sa protection immédiate. Cette décision fut prise à la suite d'une circonstance aussi grave que bizarre. Un Suédois, au service du pape, s'était présenté un jour au bey et lui avait fait la singulière proposition de lui livrer le successeur de saint Pierre et tous ses cardinaux; il suffisait pour cela, disait-il, d'opérer une descente sur les côtes de la Romagne, et il s'offrait de diriger lui-même l'expédition. Une fois que le débarquement des troupes aurait été effectué sur un point du littoral, qu'il désignait, il se chargeait de faire enlever le pape et le sacré-collége presque en entier, à l'aide d'un puissant parti dont il disposait à Rome. En même temps que M. de Voize protestait énergiquement et avec succès contre un projet aussi odieux, il se hâtait de le faire connaître au cardinal Fesch, afin que le Saint-Père se tînt au besoin sur ses gardes[1]. »

En 1812, lady Bentinck, femme de lord William Bentinck, qui commandait en Sicile les troupes anglaises formant le corps d'occupation, et un Religieux de l'Ordre de la Rédemption des captifs, ayant accompagné à Tunis une escadre anglaise, obtinrent la liberté gratuite de 64 esclaves ; 394 autres reçurent la liberté moyennant une rançon de 1,875 francs par tête. Il restait encore dans les bagnes environ 500 captifs.

Trois ans plus tard, en 1815, les Trinitaires de Castille abandonnèrent leur mission de Tunis, l'œuvre de la rédemption des captifs ne leur donnant pour ainsi dire plus d'occupation. En effet, l'année suivante, 1816, l'Angleterre, la France et les autres puissances, unissant leurs efforts, obtinrent de Mahmoud bey l'abolition de l'esclavage des chrétiens.

Le succès des armes françaises et la prise d'Alger eurent un grand retentissement à Tunis. La France en profita pour conclure, le 8 août 1830, avec Hussein bey un traité abolissant absolument l'esclavage. Un article additionnel et secret du traité concédait à perpétuité un emplacement sur les ruines de Carthage pour y élever un sanctuaire au plus chrétien et au plus grand de nos rois.

---

[1] *Annales tunisiennes*, p. 249.

La conquête de l'Algérie eut pour première conséquence d'augmenter à Tunis le nombre des chrétiens ; et le gouvernement beylical n'a cessé de leur montrer des sentiments très-favorables.

Les Capucins ressentirent bientôt les effets de cet heureux changement. En 1833, le bey leur donna, d'abord à loyer, puis à titre gracieux, l'hôpital des Trinitaires abandonné en 1815. Cet établissement est situé dans la rue Sidi Mordjani. Il contient présentement le couvent des Capucins et l'église. La statistique religieuse de la Régence, en 1834, donnait les chiffres suivants :

Tunis : 6,000 catholiques, 300 grecs schismatiques, 100 protestants : — Bardo, 150 catholiques ; — La Goulette, 500 ; — Sousse, 250 ; — Monastir, 50 ; — Mehedi 1, 60 ; — Sfax et Gerba, 600 ; — Bizerte. 60 ; — En tout, 8,070 chré_ tiens.

La paroisse de La Goulette, créée en 1769, fut régulièrement pourvue d'un prêtre Capucin en 1836. Un autre missionnaire fut envoyé, la même année, à Sousse, où, quelques mois après, un hospice était fondé. Les années 1835 et 1836 font époque dans l'histoire religieuse de la Tunisie par la fondation des deux églises de Tunis et de La Goulette.

En 1840, les Sœurs de Saint-Joseph de l'Apparition (de Marseille) s'établirent à Tunis, à la sollicitation du provicaire apostolique. Bientôt après, elles fondèrent une autre maison à Sousse. Sfax à son tour fut pourvu d'une église (1841), en même temps qu'une chapelle s'élevait, sur les ruines de Carthage, à la mémoire de saint Louis.

Mgr Sutter, évêque de Rosalia *in partibus* et vicaire apostolique de Tunis

CHAPITRE IX

Par un bref du 21 mars 1843, le pape Grégoire XVI éleva la préfecture de Tunis à la dignité de vicariat apostolique. Le R. P. Fidèle Sutter, natif de Ferrare et provincial des Capucins de Bologne, fut nommé vicaire apostolique avec le titre d'évêque de Rosalia *in partibus*.

En témoignage de son bon vouloir, le bey Ahmed adjoignit, en 1845, au couvent des Capucins, l'ancien consulat d'Espagne dont il fit don à la mission. Dé plus, il accorda un vaste terrain pour agrandir le cimetière de Saint-Antoine, concédé par Ali bey en 1773.

Mgr Sutter a érigé successivement en paroisses : Gerba (1847), Mehedia (1848), Bizerte (1851) [1], Porto Farina (1853), Monastir (1862).

---

1 Le R. P. Jérémie, de Giletta, curé de Bizerte, ayant été assassiné, en 1858, par deux Siciliens, la paroisse demeura, près de douze ans, sans pasteur. Le 3 octobre 1870, le R. . Alexandre, de Varazze, arriva à Bizerte et s'occupa de la construc-

D'après une statistique, dressée en 1867, la Régence de
Tunis avait 15,055 catholiques ; en 1834, elle n'en comptait
que 7,800 ; c'est donc une augmentation du double en trente
ans. Présentement (1878), la Régence contient 1,000,000 de
musulmans, 35,000 juifs, 300 grecs, 50 protestants et
16,287 catholiques. Ces catholiques se répartissent comme
il suit :

Tunis.	12,000
La Goulette.	1,030
Sousse.	750
Sfax.	948
Mehedia.	230
Bizerte.	149
Porto-Farina.	118
Monastir.	220
Gerba.	320
Solimano	38
Nébel.	80
Gallippia	35
Hammamet.	82
Ras Gibel.	25
Toubourba.	12
Divers.	250
	16,287

Les missionnaires Capucins, employés dans le vicarial
apostolique de Tunis, sont au nombre de 17, non compris
8 Frères convers. Neuf de ces missionnaires résident à Tunis ;
les huit autres desservent les huit stations de La Goulette,
Sousse, Sfax, Mehedia, Bizerte, Porto-Farina, Monastir et
Gerba.

Outre le couvent des Capucins, l'évêché et neuf églises
construites dans la province, il existe, à Tunis et sur le littoral,
des établissements dirigés par 30 Religieuses de Saint-

tion d'une église. Le prince Sid el Min concéda gratuitement un terrain à cet effet.
L'église, ouverte le 19 mars 1874, jour de la fête de saint Joseph, à qui elle est dédiée, fut bénite solennellement, le 18 juin suivant, par Mgr Sutter.

Joseph de l'Apparition (de Marseille) et par 12 Frères des Écoles chrétiennes.

Ces derniers, appelés par Mgr Sutter en 1855, ont, à Tunis, deux écoles, dont l'une gratuite, comprenant ensemble 450 élèves chrétiens, musulmans ou israélites. Ils ont aussi à La Goulette une école de 100 élèves.

La maison des Frères à Tunis leur a été donnée par le bey actuel Mohammed es Sadok, qui saisit toutes les occasions de témoigner sa sympathie pour les œuvres de la mission catholique. Cette maison, qu'ils occupaient depuis seize ans, appartenait à un riche israélite qui avait toujours refusé de percevoir le loyer. A sa mort, les héritiers exprimèrent l'intention de percevoir, à l'avenir, non seulement un prix de location, mais encore d'exiger l'arriéré dû depuis l'installation des Frères dans la maison.

Dès qu'il eut connaissance de ces faits, M. le vicomte de Vallat, alors consul général et chargé d'affaires de France à Tunis, et, sur le conseil du premier ministre, le général Kérédine, le bey trancha la difficulté de la façon la plus géné·reuse. Il acheta la maison et en fit don aux Frères [1].

Les Religieuses de Saint-Joseph desservent, à Tunis, un

---

1 Voici l'acte de donation :

Mission et consulat général de France à Tunis.

LOUANGE A DIEU L'UNIQUE

De l'esclave de Dieu très élevé, de celui qui met en lui les soins de sa destinée, le Mouchir Mohammed es-Sadok, Pacha-Bey, possesseur du royaume de Tunis, à tous ceux qui les présentes verront, peuple et grands.

Nous avons fait don de la maison connue sous le nom de maison de Raimondo, sise au Souk Bramlia, en dedans de la porte de la Marine, dans notre ville capitale de Tunis. Cette maison est ainsi limitée : elle est élevée d'un étage sur des boutiques et des magasins donnant présentement au sud, en partie sur la rue, la porte n'occupant qu'une partie de la façade, car le reste est occupé par les boutiques de Cardoso; à l'est, se trouve d'abord la maison du Maltais Farougia, puis une rue hôpital entretenu par la charité du bey et des Européens. il est destiné aux malades pauvres de la ville et aux marins de toute nation, de passage à Tunis. Les mêmes Religieuses ont un dispensaire où elles donnent des consultations et des médicaments. Quelques-unes visitent les malades dans la ville et aux environs. Elles desservent un autre hôpital à La Goulette, depuis 1855, et un troisième à Sfax. A Tunis et à la Goulette, elles ont aussi deux petits orphelinats. Elles tiennent des écoles gratuites et des écoles payantes à Tunis, à La Goulette, à Sfax et à Sousse. Le nombre total de leurs élèves dépasse 500.

ouverte ; au nord, la maison susdite du dit Farougia, puis une autre rue ; à l'ouest, d'abord la maison du Grec Basile, et ensuite une maison appartenant aux prêtres de l'Église catholique dans la capitale.

Nous avons fait don de ladite maison de Raimondo, afin qu'elle soit affectée aux moines connus sous le nom de Frères des Écoles chrétiennes pour l'enseignement des enfants, avec condition que cet immeuble sera consacré aux Frères des Écoles susdites, et particulièrement pour leurs élèves, sans aucune autre destination.

Qu'il soit ainsi.

Écrit le premier jour du commencement de Moharrem, le sacré, ouvrant les mois de l'an 1291 (mil deux cent quatre-vingt-onze).

Tunis, le 22 février 1874.

Pour traduction certifiée conforme :

Le premier drogman du Consulat général de France.

E. DE SAINTE-MARIE.

CARTHAGE. — Chapelle de Saint-Louis.

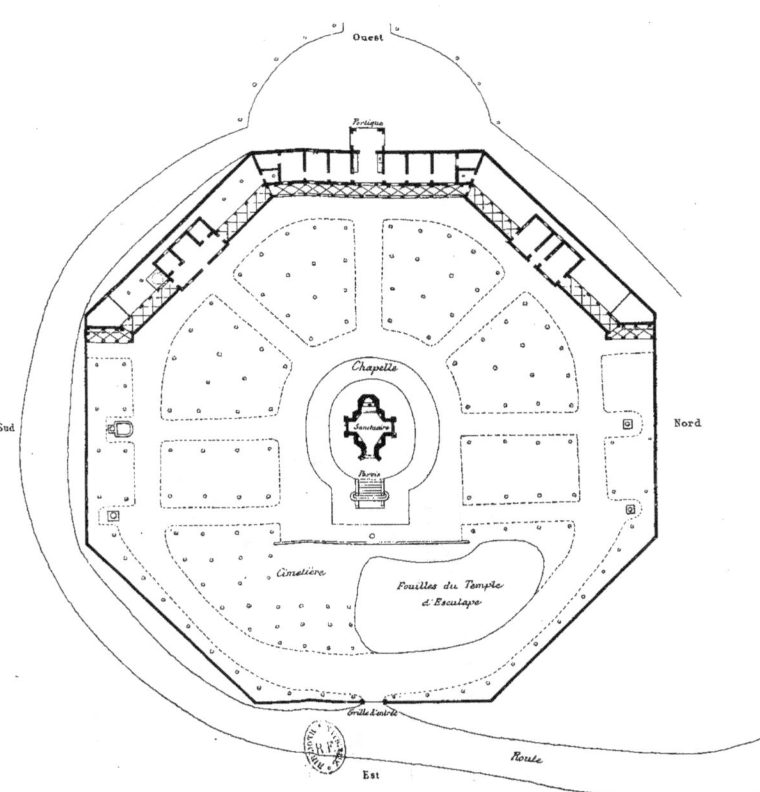

PLAN DE LA CHAPELLE DE SAINT-LOUIS ET DE SES DÉPENDANCES, A CARTHAGE. (Voir p. 129.)

La surface renfermée par le mur d'enceinte est de 8,517 m. 30.

La partie du plateau de Byrsa, qui est cultivée par les gardiens, autour de cette enceinte, représente une surface de 2 hect. 35 ares 94 cent.

La surface totale du terrain occupé est donc de 3 h. 21 a. 11 cent.

La surface renfermée par le mur d'enceinte se décompose ainsi :

228 m. 11 pour l'emplacement de la chapelle		plate-forme ou parvis	212 m. 08
		escaliers	16 m. 03
		galeries couvertes particulières	149 m. 48
		cours intérieures particulières	251 m. 40
934 m. 82	pour le massif de construction renfermant les dépendances et logements	écuries et hangars	52 m. 00
		habitations voûtées	268 m. 07
		portique et vestibules publics	74 m. 90
		galeries couvertes publiques	138 m. 37
		les fouilles du temple d'Esculape	507 m. 00
3.804 m. emplacement occupé par		le cimetière	507 m. 00
	les plantations	contre l'enceinte	812 m. 00
		autour de la chapelle	1,075 m. 00

3.533 m. 37 restent libres pour les chemins de circulation.

l'enceinte est plantée de 164 grands arbres.

La valeur des constructions, chapelle et parvis non compris, est de 75,000 fr. La chapelle peut être estimée à 100,000 fr.

CHAPITRE X

LA CHAPELLE DE SAINT-LOUIS A CARTHAGE

Le 8 août 1830, le roi Charles X, dont la déchéance n'était pas encore connue à Tunis, contracta avec la Régence, par les soins de son consul général et chargé d'affaires, M. Matthieu de Lesseps, un traité en huit articles. Un article additionnel et secret, portant la même date, contenait la disposition suivante :

Louanges à Dieu l'unique, auquel retourne toute chose !

Nous cédons à perpétuité à Sa Majesté le Roi de France un emplacement, dans la Maalka, suffisant pour ériger un monument religieux en l'honneur de Louis IX, à l'endroit où ce prince est mort. Nous nous engageons à respecter et à faire respecter ce monument consacré par l'Empereur de France à la mémoire de l'un de ses plus illustres aïeux.

Salut de la part du Serviteur de Dieu, Hussein-Pacha-Bey. Que le Très-Haut lui soit favorable ! *Amen.*

Le 17 de sefer de l'année 1246.

Fait au Bardo, le 8 août 1830.

Le consul général chargé des affaires du Roi,
M. LESSEPS.

Hussein bey ne pouvait faire à Charles X un don plus exceptionnel, car on n'avait vu encore aucun prince musulman aliéner volontairement même une parcelle de son territoire en faveur d'un prince chrétien.

Le consul général de France reçut, en outre, la faculté de déterminer l'emplacement et de prendre autant de terrain qu'il le jugerait nécessaire. M. Matthieu de Lesseps chargea de cette mission son fils, M. Jules de Lesseps. Celui-ci, après avoir attentivement examiné les ruines de Carthage, décida que la chapelle serait construite sur Byrsa même, au centre de l'acropole punique, sur le temple d'Esculape (Eschmoun). Le roi Louis-Philippe donna son approbation à ce projet, et M. Germain, architecte, fut chargé de l'érection du monument.

Diverses raisons avaient déterminé le choix de l'emplacement. Joinville rapporte que le roi de France, ayant débarqué sur la plage de Carthage, établit un camp contre un castel arabe situé sur une colline qui dominait la mer. L'acropole est encore le seul point des environs qui réponde bien à cette description. C'est donc là que Louis IX a dû expirer. On s'en convaincra en étudiant, comme je l'ai fait sur place, la topographie du terrain compris entre la mer et Tunis. Louis IX, battu et rejeté des murs de cette ville, ne pouvait, avant de reprendre la mer, faire autre chose que se placer sur une éminence pour assister à l'embarquement des troupes et pour surveiller l'ennemi du côté du lac. A son arrivée, le roi de France avait débarqué à peu près au même point, c'est-à-dire entre les citernes du bord de la mer et la maison de l'ancien premier ministre Sidi Mustapha.

La chapelle fut commencée en 1841, et consacrée le 25 août 1845, par Mgr Sutter.

Les dessins ci-joints donneront une idée suffisante de l'architecture du monument auquel on a voulu donner l'apparence d'un riche marabout arabe. Une croix, la seule debout en Tunisie, surmonte l'édifice. Sur la porte du sanctuaire du « grand marabout chrétien », comme disent les Arabes, on lit l'inscription suivante :

LOUIS-PHILIPPE PREMIER ROI DES FRANÇAIS

A ÉRIGÉ CE MONUMENT

EN L'AN 1841

SUR LA PLACE OU EXPIRA LE ROI SAINT LOUIS SON AIEUL

Les découpures sur plâtre, qui ornent le plafond de la chapelle et le maître-autel, rappellent les travaux de l'Alhambra. Au fond du sanctuaire, une magnifique statue de marbre noir représente le saint roi en costume fleurdelisé, avec le sceptre et la couronne. La statue est de M. Seurre. Elle a été transportée, de la mer sur la colline de Byrsa, à force de bras, par les soldats musulmans du bey.

« A la place même où s'élève l'autel du saint roi, la fable a placé le bûcher de Didon. C'est là aussi que, cinq siècles avant notre ère, régnaient les maîtres de l'Afrique, de la Sicile, de la Sardaigne, des îles de la Méditerranée, de l'Espagne : Magon le Grand, Amilcar. C'est de là que partaient, avec Hannon, ces expéditions audacieuses qui découvraient les côtes de l'Océan, les îles Britanniques, l'Islande, et même cette Amérique que le monde ancien devait perdre et que Colomb devait retrouver un jour. C'est là que Régulus devait, selon la belle parole de Bossuet, se rendre plus illustre par sa prison que par ses victoires. C'est de là que part Annibal pour balancer un moment la fortune de Rome et revenir assister à la ruine de sa patrie. C'est là qu'apparaissent, tour à tour en vainqueurs et en fugitifs, les deux Scipions, Marius, César, Caton, et plus tard Genséric avec ses Vandales, et Bélisaire, et enfin les farouches khalifes qui étendent pour des siècles sur tant de ruines le voile sanglant de l'oubli. Et, au milieu de ces sombres figures, les douces images de Cyprien, de Félicité, de Perpétue, d'Augustin, de Monique, cette autre mère d'un autre roi qui ne monta pas il est vrai sur un trône, mais qui n'en règne pas moins depuis des siècles sur les esprits et sur les cœurs [1]. »

Ceux qui liront cet essai, en se reportant à la gravure ci-jointe, spécialement dessinée pour les *Missions catholiques*, verront combien est pauvre et nue cette chapelle du plus grand roi dont la France se glorifie, et combien elle est peu digne de sa destination.

Autour de la chapelle s'étend un bosquet clos de murs. En avant, vers le sud, on a construit un large corps de bâtiment réservé aux aumôniers. A droite et à gauche, l'architecte a ménagé deux petits péristyles où sont encastrés des fragments de pierres antiques trouvées dans les fondations. Parmi les inscriptions, ainsi conservées, je rappellerai l'inscription chrétienne publiée dans la première partie de cet Essai [2]. Il existe aussi quatre inscriptions romaines et profanes que je mentionne seulement pour mémoire. Au pied de la chapelle, vers le nord-est, est un petit cimetière qui garde les dépouilles des marins français morts en rade de La Goulette, et d'autres

1 Mgr Lavigerie, *Saint Louis et son tombeau*. Paris, E. Belin, 1875.
2 Voir p. 19.

CARTHAGE — Intérieur de la chapelle de Saint-Louis.

Tunis. — Missionnaires d'Alger desservant la chapelle Saint-Louis et groupe d'enfants arabes. (Voir p. 133.)

Français de résidence en Tunisie. Çà et là, dans le jardin, gisent des débris antiques. On remarque encore une piscine en mosaïque qu'on a laissé se détériorer.

La chapelle de Saint-Louis est sous la dépendance du consulat général de France à Tunis et sous la juridiction ecclésiastique du vicaire apostolique de Tunis. Depuis 1875, elle est desservie par des Religieux que Mgr Lavigerie a détachés de la mission du Sahara et du Soudan. Jusqu'à ce jour, l'emplacement sur lequel saint Louis est mort n'était gardé par aucun prêtre ; il était même rare que, le 25 août, on y dît une messe commémorative. Mgr Lavigerie a eu le mérite et le bonheur, en plaçant des missionnaires à la chapelle de Saint-Louis, de renouer, après des siècles d'interruption, la chaîne mystique de cette belle Église de Carthage.

Un jour peut-être sera-t-il donné à l'éminent prélat de réaliser un de ses vœux les plus chers, en rapportant à Carthage une notable partie des reliques de saint Louis.

En attendant, Mgr Lavigerie prépare la reconstruction monumentale de la chapelle de Saint-Louis. Une correspondance, adressée de Tunis, le 27 juillet 1877, à la *Gazette du Midi*, a donné, sur ce projet, d'intéressants détails. Voici quelques extraits de cette correspondance.

Le roi Charles X avait obtenu, en 1830, quelques jours après la prise d'Alger, du gouvernement tunisien, un emplacement sur lequel est mort, en 1270, notre grand roi saint Louis avec les représentants les plus illustres de la noblesse française, qui succombèrent comme lui frappés par la peste. Ces précieux souvenirs avaient été complétement abandonnés ; il appartenait à la monarchie légitime de les resussciter et de les consacrer par un monument

digne d'eux: c'est ce qu'entreprit Charles X. Mais il tomba avant
d'avoir pu achever son œuvre. Après bien des lenteurs, le gouvernement de Juillet, réalisant cette pensée, fit élever, sur le terrain
cédé par le Bey, une chapelle dédiée à saint Louis, avec les constructions nécessaires à l'habitation d'un aumônier et d'un gardien.

Ce coin de terre entouré de murs est encore vraiment la France
au milieu de ces contrées barbares: le drapeau français y flotte
comme dans notre propre pays ; malheureusement cette œuvre de
réparation a été exécutée dans des proportions tellement mes-
quines que tous les voyageurs qui la visitent, et les Français surtout, en sont péniblement frappés. M. Victor Guérin, chargé
d'une mission officielle en Tunisie il y a quelques années, s'est
fait, auprès de notre gouvernement, l'éloquent interprète de
ces sentiments de pudeur nationale, en demandant que la chapelle du saint roi ne restât pas abandonnée comme elle l'était alors,
et surtout qu'elle fût construite dans des dimensions moins indi-
gnes de sa destination doublement sacrée.

C'est à ces vœux chrétiens et patriotiques que Mgr Lavigerie a
bien voulu répondre; il a commencé par obtenir du gouvernement
que le service religieux de la chapelle fût confié aux missionnaires
récemment fondés par lui à Alger ; il a entrepris ensuite de construire à la place de la chapelle, actuelle qui contient à peine quinze
personnes, une église monumentale sur les murs de laquelle seraient rappelés les noms des familles françaises dont les ancêtres
trouvèrent une mort sainte et glorieuse dans ces lieux mêmes, il y
a plus de huit siècles.

Déjà, grâce à la générosité des plus grandes familles de France,
à la tête desquelles Mgr le comte de Chambord et les princes de sa
maison ont daigné s'inscrire, une partie des fonds nécessaires pour
réaliser cette entreprise a été souscrite. C'est pour régler les derniers détails de l'*Œuvre de Saint-Louis*, telle que je viens de
l'exposer, que Mgr l'archevêque d'Alger, qui en a été le promo-
teur, est venu à Tunis: tout a été, me dit-on, définitivement ré-
glé, et l'on espère que les constructions pourront commencer bientôt. Ce sera un bonheur, même au point de vue matériel, car, avec

l'affreuse misère qui règne ici cette année, le travail que ces constructions vont donner aux ouvriers sera un bienfait véritable. Du reste, Mgr l'archevêque d'Alger a rencontré dans le gouvernement du bey les dispositions les plus favorables, et vous savez sans doute qu'il a été nommé grand'croix de l'ordre tunisien et décoré par le bey en personne devant la foule des musulmans. Pendant tout le temps de son séjour à Saint-Louis, l'archevêque n'a cessé d'être entouré d'une multitude de pauvres indigènes qui venaient réclamer les aumônes du « grand marabout d'Alger », dont ils avaient entendu raconter les bienfaits vis-à-vis de leurs coreligionnaires de l'Algérie.

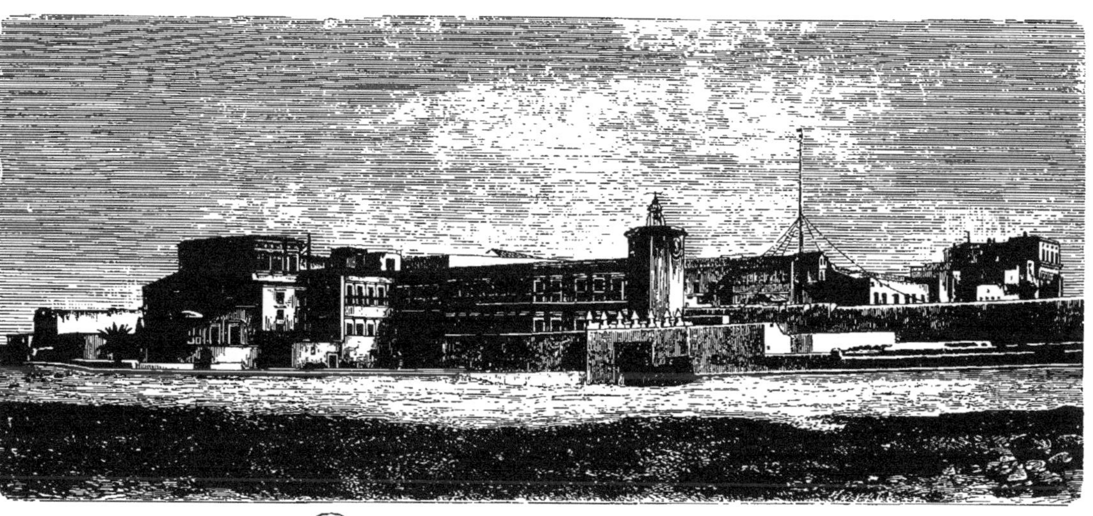

Tunisie. — Vue générale du Bardo. (D'après une photographie de M. Catalanotti.)

CHAPITRE XI

Tunis est situé sur une colline, à l'extrémité sud-ouest du lac et à 12 kilom. au sud de Carthage. Sous la domination carthaginoise, cette ville n'était qu'un village, illustré par la guerre des mercenaires qui y avaient placé leur centre d'opérations. Pendant la première guerre punique, Régulus s'empara de ce point, d'où il découvrait les mouvements de l'ennemi autour de Carthage. Scipion l'Africain y établit son camp. Tunis doit sa grandeur actuelle à la conquête arabe, qui y construisit un arsenal maritime, y abrita ses flottes et en fit, après Kaïrouan, la capitale de la Tunisie musulmane.

La partie inférieure de la ville est dominée par la Casbah, forteresse que les Espagnols réparèrent (1535-1540). Du haut de la Casbah, on aperçoit la mer, le lac de Tunis, La Goulette et la montagne où la tradition veut que Régulus ait subi son supplice. Au pied de la citadelle, aujourd'hui inutile, s'étendent de nombreux bazars, les plus remarquables de l'Orient, après ceux de Constantinople et d'Alexandrie. Les riches musulmans habitent tout autour de ces vastes magasins où l'on trouve pêle-mêle les produits de l'intérieur de l'Afrique et les marchandises de l'Europe. Les bas quartiers de Tunis sont habités, à droite, par les israélites et à gauche par les chrétiens, à qui les musulmans ont abandonné la partie la plus malsaine de leur ville.

A côté de la Casbah, le bey a un palais, *Dar el Bey* (maison du bey), de style mauresque, fort admiré des étrangers. Il a été bâti par Hamoudah pacha (1782-1814) il y a environ soixante-dix ans.

Des anciens remparts au lac, il existe une promenade que l'on appelle la Marine. Longue de 5 kilom., elle est bordée de charmantes constructions européennes. Non loin de là, se trouve la station du chemin de fer de Tunis à La Goulette.

La ville haute renferme de nombreuses mosquées à doubles minarets carrés.

La plus belle et la plus vaste, dit M. Victor Guérin, s'appelle Djama-ez-Zitoun (la mosquée de l'olivier). Elle est entourée d'un mur élevé qui dérobe aux yeux des infidèles l'architecture orientale et la forme même de ce temple. Comme, en Tunisie, les mosquées sont absolument interdites aux chrétiens, je n'ai pu y pénétrer; mais j'ai appris que ce monument était orné de nombreuses colonnes, enlevées la plupart à des édifices antiques. Il est entretenu au moyen de legs pieux, connus sous le nom de bahous, et renferme dans ses dépendances une école ou médrécé, à laquelle sont attachés une trentaine de professeurs, et que fréquentent plusieurs centaines d'étudiants. Un minaret, qui ne manque ni de hardiesse ni d'élégance, surmonte cet édifice.

Après la Djama-ez-Zitoun, la Djama-Sahab-el-Taba (la mosquée du maître du cachet), ainsi appelée parce qu'elle a été bâtie par le célèbre Yousouf Sahab-el-Taba, c'est-à-dire chancelier d'Hamoudah pacha, passe pour l'une des plus riches et des plus remar ·

quables. Le ministre auquel elle doit son nom et sa fondation fit venir à grand frais, pour la construire et pour la décorer, de beaux blocs, soit en pierre soit en marbre, et de superbes colonnes arrachées aux ruines de plusieurs villes antiques de l'intérieur ou tirées des carrières de l'Italie.

La mosquée Sidi-Mahrès mérite aussi l'attention dans le faubourg Bab-es-Souïka. Elle est couronnée de plusieurs coupoles qui environnent sa grande coupole centrale. Le saint qui y est enterré et dont elle porte le nom est considéré par les Tunisiens comme l'un de leurs principaux patrons. Aussi cette mosquée est-elle réputée inviolable. C'est un lieu d'asile pour les créanciers et pour les débiteurs.

Je n'oublierai pas non plus de mentionner la Djama-Djedid (la mosquée neuve), élevée par le bey Ahmed dans le faubourg Bab-el-Djezira[1].

Tunis renferme près de 120,000 habitants, dont environ 35,000 étrangers. Un aqueduc, construit en l'an 135 par l'empereur Adrien et restauré il y a quelques années, alimente la ville d'une eau excellente. Le gaz, le télégraphe, les glacières, etc., ont ôté à Tunis une grande partie de son cachet oriental ; néanmoins, c'est une ville intéressante à visiter.

Le Bardo, résidence officielle du bey, est situé à 3 kilom. au nord-ouest de Tunis. La population, presque toute dépendante du palais, se compose de 800 à 900 personnes. Quelques familles chrétiennes, originaires de Tabarque, y vivent encore. Le Bardo est entouré d'un large fossé et de murailles élevées. On aperçoit cependant du dehors les hautes constructions du palais.

Cet édifice n'a aucun style ; c'est un mélange heurté d'architecture arabe et d'architecture italienne. On pénètre dans

---

1 *Voyage archéologique dans la Régence de Tunis*, t. I, p. 25-26.

la ville par une large porte surmontée d'une tour à horloge.
C'est à travers un bazar étroit et sous une voûte immense
que l'on arrive à la cour extérieure du palais. Un long
couloir, peuplé de solliciteurs, de plaideurs, de gardes et
de fonctionnaires, conduit à l'escalier des Lions, dont nous
donnons la gravure. Il est surmonté de gracieux arceaux
et précède la cour d'honneur. Cette cour, ornée, au milieu,
d'une fontaine et d'un bassin, est entourée de colonnes de
marbre blanc et d'arceaux légers découpés dans le plâtre.
Quelques-unes de ces colonnes portent encore, avec le mil-
lésime, les noms des esclaves du siècle dernier. Un corridor
et un escalier, l'un et l'autre fort sombres, donnent accès à la
salle du Trône dont les proportions sont gigantesques. Cette
salle contient un mélange criard de meubles disparates, de
pendules, de verreries, etc., et un beau portrait du roi Louis-
Philippe en tapisserie des Gobelins. Des consoles, des candé-
labres, des pendules sans valeur artistique abondent dans
toutes les pièces; c'est d'autant plus regrettable, que le palais
renferme de beaux travaux exécutés par les indigènes, des
plafonds sculptés et dorés, de merveilleux ouvrages en plâtre, etc.

Le bey ne passe guère à Tunis qu'une ou deux journées
par an. Il va au Bardo chaque matin pour donner des au-
diences et rendre la justice. Le reste du temps, il vit dans sa
résidence particulière de Kasseur Saïd, située en face du
Bardo.

Tunis. — Vue intérieure du Bardo. (D'après une photographie de M. Catalauotti.)

APPENDICE

I

1. Ibrahim		1590
2. Moussa		1592
3. Kara Othman		1593
4. Youssouf		1610
5. Ousta Morad		1637
6. Ahmed Khodja		1640
7. Hadj Mohammed Laz		1647
8. Hadj Moustafa Laz		1653
9. Hadj Moustafa Karakuz		1665
10. Hadj Mohammed Hadj Oghli, déposé à cause de sa folie.		1667
11. Hadj Chaban Khodja, déposé		1669
12. Hadj Mohammed Mentecholi, déposé		1672

[1] Ce tableau et le tableau suivant sont tirés des *Annales tunisiennes*, par Alphonse Rousseau.

13. Hadj Ali Laz, déposé. 1673
14. Hadj Mohammed Djemal, déposé. 1673
15. Hadj Mohammed Bichara, déposé. 1676
16. Hadj Mohammed Djemal, pour la deuxième fois. —
     Abdication. 1677
17. Ouzoun Ahmed ne règne que trois jours et est étran-
     glé. 1677
18. Mohammed Tabak, déposé. 1677
19. Ahmed Chelebi, déposé. 1682
20. Hadj Baktache Khodja. 1686
21. Ali el Raïs, abdication. 1688
22. Ibrahim Khodja, déposé. 1694
23. Mohammed Khodja Ier, déposé après trois jours de
     règne. 1694
24. Mohammed Tabar, déposé. 1694
25. Yakoub, déposé à cause de son grand âge. . . . 1695
26. Hadj Mohammed Khodja II, déposé. 1695
27. Dali Mohammed, déposé. 1699
28. Kaouadj Mohammed, déposé. 1701
29. Kara Moustafa. 1702
30. Ibrahim el Chérif, bey et dey. 1702

II

ARBRE GÉNÉALOGIQUE DE LA FAMILLE AUJOURD'HUI RÉGNANTE À TUNIS

BEN ALI TURKI, lieutenant du bey Ibrahim el Chérif, natif
de l'île de Candie. Il arriva à Tunis sous le gouvernement
du bey Morad, et y mourut en 1691. Il eut deux fils.

I. HUSSEIN BEY. — Élu le 10 juillet 1705, à la suite de la
bataille perdue par Ibrahim Bey contre les Algériens, non

loin du Kef. — Avec lui commença une dynastie qui s'est succédé jusqu'à nos jours sur le trône de Tunis, en vertu du principe d'hérédité. — En 1735, il perd une bataille qui lui est livrée par les Algériens soutenant les prétentions de son neveu Ali pacha. — Il abandonne Tunis et se retire dans l'intérieur. — Mort en 1740. — Ses deux fils, Mohammed bey et Ali bey, se réfugient à Alger, et sollicitent, à leur tour, l'appui de cette régence pour ressaisir le pouvoir usurpé par leur cousin Ali pacha.

MOHAMMED BEY. — Ce prince n'a pas régné. Il partage pendant longtemps la fortune de son frère ; mais celui-ci, craignant ses intrigues, et surtout l'ambition de son fils Ali, qui s'était réfugié à Alger, le fait arrêter et détenir au Bardo, où il resta enfermé jusqu'à l'avénement au pouvoir d'Ali pacha, son fils.

II. ALI PACHA. — Élu en septembre 1735, grâce à l'appui des armées algériennes, qui, ayant passé les frontières, défirent les troupes de Hussein bey et l'obligèrent à abandonner Tunis. — En 1754, la guerre éclate de nouveau entre Tunis et Alger ; cette dernière régence soutient, cette fois, les droits du fils de Hussein bey contre celui-là même qu'elle avait aidé à s'asseoir sur le trône de Tunis. — Au mois d'août 1756, les Algériens remportent une éclatante victoire, qui coûta la vie et le pouvoir à Ali pacha. — Il laissa plusieurs enfants qui ne régnèrent jamais.

III. MOHAMMED BEY. — Élu le jour de la mort de son cousin Ali pacha, en 1756. — Mort en février 1759. — Son fils étant trop jeune pour régner, le pouvoir passa à son frère Ali bey.

IV. ALI BEY. — Élu à la suite de la mort de son frère, en 1759. — Mort en mars 1782. Il eut deux fils, qui régnèrent après lui :

V. HAMOUDA PACHA. — Élu après la mort d'Ali bey, son

père, en 1782. — Mort, sans laisser d'enfants, en 1814. —
Le pouvoir passa à son frère Othman.

VI. OTHMAN BEY. — Élu le lendemain de la mort de son frère.
— Mort assassiné, trois mois après, le 21 décembre 1814,
à la suite d'une révolution de palais. Ses deux fils, Sidi
Salah et Sidi Ali, eurent la tête tranchée. Le jour même
de cette catastrophe, la femme d'Othman bey mit au monde
un fils, qui seul survécut à son malheureux père. Ce jeune
prince, nommé Mohammed, est resté enfermé dans une des
dépendances du palais du Bardo, jusqu'au 3 juin 1855, jour
où il a été rendu à la liberté, après quarante et un ans de
détention, par ordre du bey Mohammed, qui inaugura son
règne par ce grand acte de justice.

VII. MAHMOUD BEY. — Élu le jour même de la fin tragique
de son cousin Sidi Othman-Bey, en décembre 1814. Mort
en mars 1824. Il eut deux fils, qui régnèrent après lui :
Hussein et Moustafa.

VIII. HUSSEIN BEY. — Élu le jour même de la mort de son
père, en 1824. Mort le 20 mai 1835, laissant après lui de
nombreux enfants.

IX. MOUSTAFA BEY. — Élu à la mort de son frère. Mort en
octobre 1837. Il eut son fils pour successeur.

X. AHMED BEY. — Élu le lendemain de la mort de son père,
en 1837. Mort, sans laisser d'enfants, le 30 mai 1855.

XI. MOHAMMED BEY. — Élu le lendemain de la mort de son
cousin Ahmed bey. Mort le 22 septembre 1859.

XII. MOHAMMED ES SADAK BEY. — Aujourd'hui régnant.
Né en 1813. Élu le 23 septembre 1859, le lendemain de la
mort de son frère.

SIDI ALI. — Prince héritier, né en 1817, frère cadet du
bey actuel.

III

LISTE DES CONSULS DE FRANCE QUI SE SONT SUCCÉDÉ
A TUNIS

Cette liste a été dressée d'après les indications fournies par les anciens registres de la chancellerie de Tunis et par l'*Annuaire diplomatique*. Les dates, mises en regard des noms, ne sont pas toujours celles de la nomination des consuls, mais indiquent l'époque des gestions consulaires.

1583. ANTHOISNE BORRELLI, vice-consul.

1588. NICOLAS BORRELLI, consul.

1592. NICOLAS TEROSME, vice-consul.

1592. PHILIPPO PENA, consul.

1597. ANTOINE LONICO, consul.

1603. ANTHOINE BÉRENGER, vice-consul.

1605. HONORAT CARNIER, consul.

1607. HUGUES CHANGET, vice-consul.

1612. THOMAS MARTIN, consul.

1615. HERCULE TAMAGUI, vice-consul.

1619. CLAUDIO SENERT, vice-consul.

1623. PIERRE BOURELLI, consul.

1625. JEAN-BAPTISTE MAURE, consul.

1628. LANGE DE MARTIN, consul.

1640. ESTIENNE MAURE, consul.

1643. LANGE DE MARTIN,

> pour la deuxième fois consul; il mourut, à Tunis, vers le milieu de l'année 1648, désignant pour son successeur provisoire, et à la demande du Dey régnant, le P. Jean Le Vacher, qui fut nommé consul titulaire à la fin de cette même année.

1648. JEAN LE VACHER, consul,

> Prêtre missionnaire. C'est le même qui, plus tard, en 1684, consul de France à Alger, à l'époque où cette régence était en guerre avec

la France et au moment où l'escadre de l'amiral Duquesne bombardait la ville, mourut attaché à la bouche d'un canon, par ordre du Dey. Les titres qu'il prenait, à Tunis, dans les actes officiels, étaient ceux-ci : Prêtre de la Mission, Missionnaire et Vicaire apostolique, Grand-Vicaire en l'archevêché de Carthage en Afrique, et Consul pour la nation française en la ville et royaume de Tunis. Sa gestion consulaire se prolongea jusqu'en l'année 1667.

1653. MARTIN HUSSON, consul.

1656. JEAN LE VACHER, consul pour la seconde fois.

1666. DURAND, consul.

1667. JEAN AMBROZIN, consul.

1674. CHARLES DE GRATIAN, conseiller du roi, consul.

Nommé consul pour trois années, le 3 août 1674. Renommé pour trois nouvelles années, le 30 juin 1677. Pendant une assez longue absence qu'il fit en France, il confia la gestion du consulat à un sieur Antoine Michel, avec le titre de vice-consul. Cette gérance du consulat se prolongea jusqu'en 1681.

1681. ESTIENNE P., Sr DUCOUDRAY, conseiller du roi, consul.

1684. CLAUDE LE MAIRE, conseiller du roi, consul.

1685. ANTOINE MICHEL, conseiller du roi, consul.

Ordonnance du 9 février 1685. C'est le même M. Michel qui fut envoyé, au le commencement du xviiie siècle, en Perse, avec le titre d'envoyé extraordinaire de France.

1690. AUGER SORHAINDE, consul.

Ordonnance du 8 avril 1690.

1712. M. MICHEL, consul.

Ordonnance du 8 juillet 1711.

1718. JOSEPH BAYLE, conseiller du roi, consul.

Il succède à M. Michel, qui passe en la même qualité à Tripoli.

1724. PIERRE-JEAN PIGNON, conseiller du roi, consul.

Ordonnance du 22 décembre 1723, en remplacement de M. Bayle, admis à la retraite.

1729. BOYER DE SAINT-GERVAIS, consul.

Ordonnance du 7 septembre 1729, en remplacement de M. Pignon, appelé au poste du Caire.

1734. M. Gautier, consul.

Ordonnance du 4 mars 1734, en remplacement de M. Roger de Saint-Gervais, admis à la retraite.

1743. M. Fort, consul.

Ordonnance du 19 avril 1743. En remplacement de M. Gautier, nommé à Tripoli de Barbarie.

1754. M. J.-B.-J. Michel du Grou de Sulauze, consul.

Ordonnance du 22 avril 1754. En remplacement de M. Fort, admis à la retraite.

1763. Estienne-Lazare-Barthélemy de Saizieu, consul.

Ancien secrétaire du duc de Praslin. Ordonnance du 29 novembre 1762. En remplacement de M. de Sulauze, admis à la retraite.

1778. De Voize, vice-consul, gérant le consulat.

1779. J.-B. Du Rocher, consul général.

Ordonnance du roi du 28 janvier 1779. En remplacement de M. de Saizieu, admis à la retraite.

1787. De Chateauneuf, consul général.

Ordonnance du 3 septembre 1786. En remplacement de M. Du Rocher, nommé au Maroc.

1791. Guy de Villeneuve, vice-consul, gérant le consulat général.

1792. De Voize, consul général et chargé d'affaires.

Ordonnance du 24 juin 1792. En remplacement de M. de Chateauneuf, nommé résident de France à Genève.

M. de Voize fut rappelé par arrêt du Directoire exécutif, daté du 23 nivose an IV (11 janvier 1796).

La gestion du consulat général est confiée provisoirement au citoyen Guiraud, premier député de la nation, sur la désignation qui en est faite par le citoyen Herculais, chargé d'une mission spéciale du gouvernement en Barbarie.

1796. Beaussier, consul général et chargé d'affaires de la République française près le bey de Tunis.

Arrêté du Directoire exécutif du 7 pluviôse an IV (28 janvier 1796). M. Beaussier, qui était vice-consul à Saïda, en Syrie, arriva à Tunis en septembre 1796.

1797. De Voize, consul général et chargé d'affaires de la République française près le bey de Tunis.

> Réintégré dans son poste, après pleine justification, par arrêté du Directoire exécutif du 22 thermidor an V (10 août 1797).

1809. Billon, vice-consul, gérant le consulat général.

1814. Sielves, chancelier, gérant le consulat général.

> M. Billon cessa sa gestion au mois d'août 1814, et remit le service à M. Sielves, nouveau gérant désigné.

1815. De Voize, consul général et chargé d'affaires du roi près le bey de Tunis.

> Ordonnance du 20 mai 1814. Son retour a lieu au mois de septembre 1815.

1819. M. Mallivoire, vice-consul, gérant le consulat général.

1824. Constantin Guys, consul général et chargé d'affaires du roi à Tunis.

> Ordonnance du 5 décembre 1821.

1827. Mathieu de Lesseps, consul général et chargé d'affaires de France à Tunis.

1832. Alexandre Deval, consul, gérant le consulat général.

> Décision ministérielle du 29 septembre 1832.

1836. Schwebel, consul général et chargé d'affaires du roi.

> Ordonnance du 15 juin 1836.

1838. De Lagau, consul général et chargé d'affaires du roi.

> Ordonnance du   juillet 1838.
> Gestion confiée, à plusieurs époques, à MM. Duchenoud, secrétaire-interprète du roi, Delaporte, élève-consul, et Alphonse Rousseau, premier drogman.

1848. Marcieschau, consul général et chargé d'affaires de la République.

> Arrêté ministériel du 14 avril 1848.

1849. Baron DE THÉIS, consul général et chargé d'affaires présidentiel.

> Décret présidentiel du 22 mars 1849.
> Gestion confiée à M. Laplace, élève-consul.

1852. LÉ ON BÉCLARD, consul général et chargé d'affaires.

1855. Gestion confiée à M. ALPHONSE ROUSSEAU, premier drogman.

1855. LÉON ROCHES, consul général et chargé d'affaires.

> Décret du 13 juin 1855.

1864. DUCHESNE DE BELLECOURT, consul général et chargé d'affaires.

1867. DE BOTMILIAN, consul général et chargé d'affaires.

1873. DE VALLAT, consul général et chargé d'affaires.

1875. ROUSTAN, consul général et chargé d'affaires.

IV

LISTE CHRONOLOGIQUE DES PRÉFETS APOSTOLIQUES DE TUNIS

DEPUIS L'ORIGINE DE LA MISSION
JUSQU'A SON ÉRECTION EN VICARIAT (1624-1843)

Cette liste a été détachée d'une notice rédigée par le R. P. Anselme des Arcs, secrétaire général de Mgr Sutter, vicaire apostolique de Tunis.

1624. P. ANGE, de Conigliano.

1630. P. LOUIS, de Palerme.

1638. P. ALEXANDRE, de Gênes.

1647. P. JOSEPH, de Gênes.

1648. P. ZACHARIE, de Finale.

1649. P. FRANÇOIS, de Vintimille.

1651. JEAN LE VACHER, prêtre de la Mission.

1672. P. CHARLES, d'Ancône.
1685. P. VINCENT, de Frascati.
1693. P. BENOIT, de Fossano.
1698. P. BASILE, de Turin.
1702. P. MICHEL-ANGE, de Palestrine.
1708. P. DONAT, de Cantaloupe.
1712. P. GABRIEL, de Montechi.
1716. P. JOACHIM. d'Amatrice.
1719. P. FRANÇOIS, de Modène.
1723. P. JÉRÔME, de Pontremoli.
1724. P. THEODORE, de Pavie.
1730. P. CLÉMENT, de Rome.
1738. P. ANTONIN, de Novellara.
1744. P. CHARLES -FÉLIX, d'Affovi.
1747. P. LOUIS, d'Aversa.
1750. P. ÉTIENNE-ANTOINE. de Gênes.
1755. P. ALEXANDRE. de Bologne.
1761. P. JÉRÔME. d'Alcame.
1765. P. GAÉTAN, de Livigne.
1766. P. PIERRE-PAUL, de Cadore.
1768. P. SANTI, de Lizzano.
1772. P. SÉBASTIEN, de Cortone.
1782. P. CLÉMENT, de Montalbode.
1792. P. CHARLES, de Pianfei.
1797. P. FORTUNAT, de Fabriano.
1797. P. VENANCE, de Camerino.
1802. P. SEPTIME. de Montalbode.
1807. P. ALEXANDRE. de Massignan.
1815. P. MICHEL-ANGE, de Partana.
1819. P. ALEXANDRE. de Massignan (pour la seconde fois).
1832. P. LOUIS, de Marsala.
1837. P. LOUIS, de Taggia.
1841. P. PIERRE-PAUL.

FIN

TABLE DES MATIÈRES

APPENDICE

GRAVURES

FIN DE LA TABLE DES MATIÈRES

LYON. — IMPRIMERIE PITRAT AINÉ, RUE GENTIL, 4

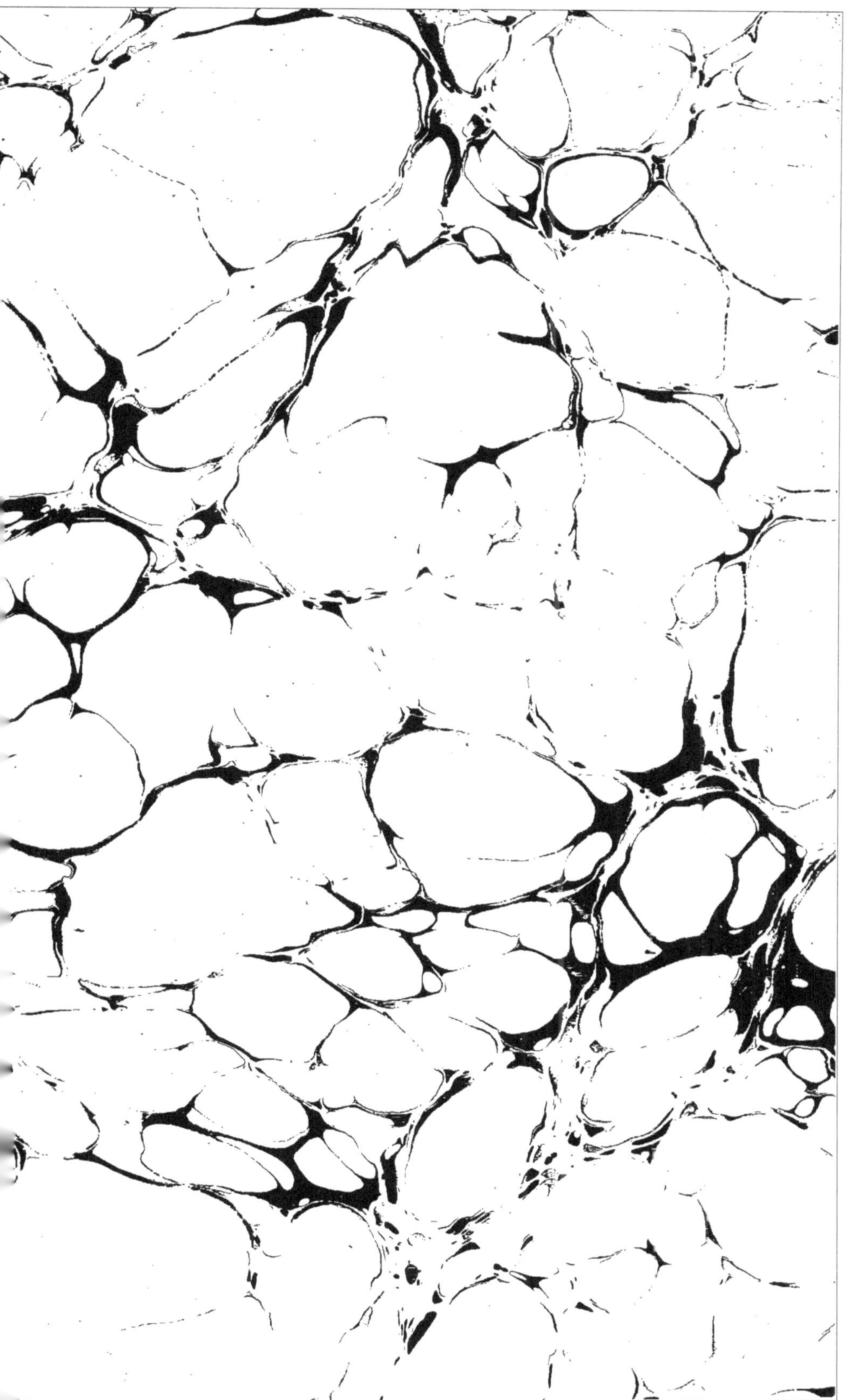

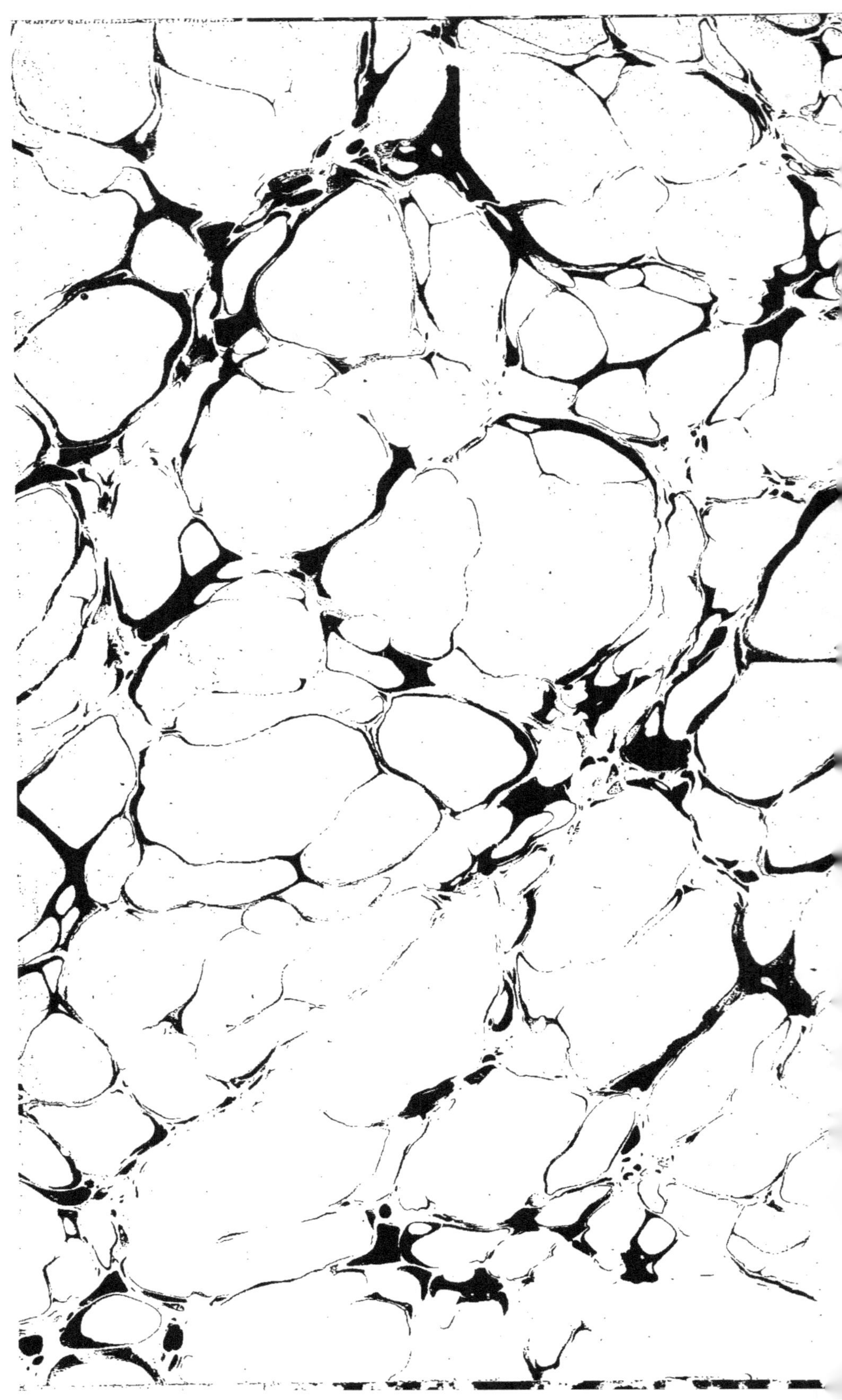